小峰書店 編集部 編著

キャリア教育に活きる！

仕事ファイル

センパイに
聞く

44

流通の仕事

郵便物等の輸送企画担当者

ファッションECサービス
運営会社の物流拠点スタッフ

総合スーパーの食器バイヤー

マグロ仲卸会社の営業担当者

LNG輸送プロジェクトの
営業担当者

小峰書店

小峰書店 編集部 編著

44 流通の仕事

Contents

※この本に掲載している情報は、2024年4月現在のものです。
（けいさい）（じょうほう）（げんざい）

郵便物等の輸送企画担当者

Manager of Transport Planning for Mail, etc.

日本郵便
寺岡将志さん
入社8年目 29歳

郵便物等を
すばやく確実に
届けるための輸送を
管理しています

手紙・はがきなどの郵便物や「ゆうパック」などの荷物は、引き受けた郵便局から配達する郵便局まで、トラック運送などのさまざまな方法で毎日休みなく輸送されています。日本郵便の輸送部で輸送の企画業務を担う寺岡将志さんに、お話を聞きました。

Q 郵便物等の輸送企画担当者とはどんな仕事ですか？

日本郵便の役割は、お客さまから預かった大切な郵便物や「ゆうパック」などを、期日内に確実に届けることです。

全国に約2万4000の郵便局があり、日本郵便には、これらの郵便局で引き受けた郵便物等を宛て先の地域へ効率よく輸送するための欠かせない仕組みがあります。まず、郵便物等を約1000局ある集配局とよばれる大きめの郵便局に集め、そこからさらに、全国に約60局ある地域区分局とよばれる大規模な郵便局に集めます。それから、配達する側の地域区分局へそれぞれまとめて輸送する仕組みです。

地域区分局から地域区分局への輸送を、幹線輸送といいます。幹線輸送にはおもにトラックを使っていますが、郵便物の宛て先の地域や、郵便商品ごとに決められているお届け日数の条件に応じて、効率のよい輸送手段を考える必要があります。スピードと輸送にかかるお金の両方を考えた結果、飛行機や船、鉄道などが使われることもあります。

幹線輸送をふくめ、全国の郵便局から郵便局までの輸送を管理しているのが、日本郵便の本社にある輸送部です。輸送部での私のおもな仕事は、輸送にかかる費用の管理です。私は、日々、郵便物等の量を調べて分析しながら、全国の輸送にかかった費用を確認し、むだな費用がかかっていないかをチェックします。実際にトラックなどの運行計画を調整しているのは、全国に13ある日本郵便の支社です。むだな費用を見つけたら、支社の担当者と連携してそれらを減らす工夫をすることも、私の役目です。

寺岡さんのある1日

09:00　出社。メールチェック
▼
09:30　部内ミーティングでこの日にやることを確認
▼
10:00　社内ミーティング用の資料を作成
▼
10:10　電話対応（関東支社からの質問に答える）
▼
11:00　社内ミーティング
▼
12:00　同僚とランチ
▼
13:00　出張に出発（千葉県の郵便局で、より効率的な運送便のダイヤグラム※について説明）
▼
17:30　業務終了

郵便物等の幹線輸送を行うトラック。おもに、日本郵便の子会社である日本郵便輸送がトラックを運行し、各地域区分局に24時間出入りして輸送を行う。

郵便物等の輸送の流れ（東京から札幌へ送る場合）

東京の銀座三郵便局で引き受けられた北海道・札幌への郵便物等は、集配局を経て地域区分局とよばれる大規模な郵便局（新東京郵便局）に集められる（地域内輸送）。それから、配達側の地域区分局（道央札幌郵便局）へ、ほかの郵便局で引き受けた郵便物等とまとめて輸送される（幹線輸送）。寺岡さんの所属する輸送部は、地域内輸送と幹線輸送を合わせた郵便局間の輸送の管理を担当している。

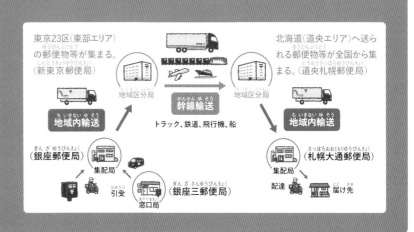

東京23区（東部エリア）の郵便物等が集まる。（新東京郵便局）

北海道（道央エリア）へ送られる郵便物等が全国から集まる。（道央札幌郵便局）

地域区分局　幹線輸送　地域区分局

地域内輸送　トラック、鉄道、飛行機、船　地域内輸送

（銀座郵便局）　集配局　（札幌大通郵便局）　集配局

引受　（銀座三郵便局）窓口局　配達　届け先

用語　※ダイヤグラム ⇒輸送機関の運行表のこと。略してダイヤともいう。

仕事の魅力

Q どんなところがやりがいなのですか?

休日に高速道路をドライブしているときに、郵便物等を運ぶ赤いトラックを見かけました。トラックが走っている場所や時間帯を考えると、私の提案で運行時間帯を決めた配送トラックでした。

私は、ふだん会社の建物のなかで仕事をしていることが多く、仕事はパソコンのなかで完結してしまいがちです。ですので、このように私の提案が現場で役に立っているところを実際に目にすると、とてもうれしく、やりがいを感じます。そして同時に、社会を支えるインフラ※の一部に自分が関わっていると思うと、改めて責任の重さを実感します。

輸送にかかった金額を報告するための資料をつくる。「いつもより高かったら、理由として考えられる要素を書き出します」

業務の改善について、思いついたことをノートに書き出す。「自分で見えるようにすることで、頭のなかが整理できます」

Q なぜこの仕事を目指したのですか?

子どものころから車に興味がありました。なかでも大きなトラックが大好きで、将来はトラックを使った輸送にたずさわる仕事をしたいと思っていました。

大人になるにつれて、利益の追求だけでなく、社会的な意義のある仕事をしたいと考えるようになりました。子どものころからの夢と大人になってからの思いの両方が叶うのが、物流業界の仕事でした。

日本郵便の使命は、日本中のだれもが、どこにいても安心して利用できるようにサービスを提供することです。日本全国の隅から隅まで、そこに住む人のために郵便物等を届けます。多くの人のためになり、しかも私の大好きな車が活躍する仕事は、これしかないと思いました。

Q 仕事をする上で、大事にしていることは何ですか?

社会で今どういうことが起きているか、つねにアンテナを張ることが大事です。そのため、トラックの輸送に限らず、まったく関係のないほかの業界もふくめて、新聞やニュース、雑誌などをチェックしています。

例えば、日本郵便の各支社では多くの場合、配送の最適なルートとダイヤグラムを人の手で作成しています。しかし、これからはもっとAI(人工知能)を活用して効率化をはかりたいと考えています。そのためAI関連の情報に着目するとともに、他社がどんな対応をとっているのかにも注意を向けています。

輸送部の先輩に、仕事の進め方について相談をする。「いろいろな部署で働いてきた先輩からのアドバイスは、ありがたいですね」

用 語 ※ インフラ ⇒インフラストラクチャーの略。生活や社会、経済などの基盤となる必要不可欠な設備やサービス、仕組み、制度などのこと。

Q 今までに どんな仕事をしましたか？

入社して1年目は郵便局に勤務し、郵便局で行われている仕事の基礎を覚えました。2〜3年目は、熊本県にある日本郵便の九州支社で郵便ポストの工事管理を担当しました。古い型のポストの交換や、道路工事のため移動が必要になったポストの工事などを、おくれなく実施されるように管理する仕事です。2年間で数千件もの工事を担当しました。

4〜5年目は、日本郵便の子会社である日本郵便輸送に出向※して働きました。日本郵便輸送はトラック輸送に関する業務を行う会社です。私は、輸送の現場で輸送がスムーズに行えるように調整する役目でした。

その後は日本郵便にもどり、今の仕事に就いています。

「会社では、物流業界専門の月刊誌が自由に読めるようになっています。目を通して最新情報を得ることも大切です」

Q 仕事をする上で、難しいと感じる部分はどこですか？

輸送をより効率よく行うための提案を実行に移すには、ほかの部署の人たちや、実際に運用をする郵便局員にも、納得してもらわなければなりません。しかし、自分たちの部署では当たり前の考え方が別の部署では通用しないことがありますし、全国の郵便局ではさまざまな人が働いています。だれが読んでも理解できる説明文の書き方や説明の仕方が、難しいと感じます。

いろいろな部署での仕事を経験していくなかで、目的を達成するためのよりよい説明ができるようになりたいです。

Q この仕事をするには、どんな力が必要ですか？

仕事をしていると、問題にぶつかったり、自分の力不足を感じたりする場面が出てきます。そんなとき、のりこえるための道を探し出す力が必要です。

例えば、物流業界ではトラックドライバー不足という大きな問題に直面しています。一方、世の中に目を向けると、AI技術を取り入れて仕事の効率を上げ、成功している会社がたくさんあります。このことから、物流業界でもDX※化を進められれば、解決につながるのではないかと考えられます。実際、私たちの会社では、物流にデジタル技術を活用する取り組みが始まっています。

このように、目の前の問題を解決するために、あらゆる事柄からヒントを探して考える力が必要だと思います。

・ノートパソコン・

・スマートフォン・

・ノート・

PICKUP ITEM

ノートパソコンは、日本郵便の支社からの報告を受け取ったり金額を集計したりするのに欠かせない。ノートには、思いついたことなどをいつでも書いて、後で自分の思考をたどれるようにしている。会社から支給されたスマートフォンを使って、支社の人や郵便局の人と連絡をとる。

用語 ※ 出向 ⇒ 会社に籍を置いたまま、ほかの会社などに勤務すること。

用語 ※ DX ⇒ デジタルトランスフォーメーション。デジタル技術によって社会を変え、よりよい生活を目指すという考え。

毎日の生活と将来

Q 休みの日には何をしていますか？

　4年くらい前にサーフィンにハマり、今では週末になると毎週のように海に行っています。私がよく行くのは、千葉県の九十九里海岸です。

　サーフィンをしていると、気分がすっきりします。よい波に気持ちよく乗れたときの爽快感は格別です。サーフィンは全身の筋肉を使うスポーツなので、運動不足の解消にもなりますね。デスクワークが多い自分にぴったりの趣味に出合えてよかったです。

「冬にはスノーボードもします。ボードに乗って雪面を滑りおりるのも、波乗りとはまたちがって最高です！」

「九十九里海岸にサーフィンにきました。サーフィンによいポイントがたくさんある海岸で、気に入っています」

Q ふだんの生活で気をつけていることはありますか？

　日本郵便輸送のトラックを見かけたら、どこからどこに、いつ配達される郵便物等が積まれている便なのかを、ダイヤグラムを思い出して推測するようにしています。今の部署で働くようになってまだ年数が経っていないため、経験不足をおぎなう勉強になると感じています。

　街なかで郵便物等を積んだ赤いワゴン車や配達用バイクが走っているのは、だれもが見かける光景だと思います。けれども、地域内輸送・幹線輸送の大型トラックには、なかなか気がつかないかもしれません。私の場合は、この仕事に就いてからすぐに気づくようになりました。気持ちひとつで見える景色が変わるのは、おもしろいことだなと感じます。

	月	火	水	木	金	土	日
05:00	睡眠	睡眠	睡眠	睡眠	睡眠		
07:00	準備・食事	準備・食事	準備・食事	準備・食事	準備・食事		
09:00	出社	出社	出社	出社	出社		
11:00	メールチェック 事務作業 昼食	A社との毎週定例打ち合せ 昼食	メールチェック 資料作成 昼食	B社との毎週定例打合せ 昼食	メールチェック 資料作成 昼食		
13:00	都内の郵便局へ出張（新しい輸送施策の説明）	資料作成	郵便局の担当者と会議	資料作成	他部署の施策について勉強		
15:00				上司との面談	毎月の業績に関する社内説明		
17:00	退社		退社	退社		休日	休日
19:00	読書	他部署の施策について勉強	ランニング	買い物	退勤後、部内同僚との意見交換会（夕食会）		
21:00	食事など	退勤後、上司との意見交換会（夕食会）	食事など	食事など			
23:00							
01:00	睡眠	睡眠	睡眠	睡眠	睡眠		
03:00							
05:00							

寺岡さんのある1週間

週5日、規則正しく働いている。業務をまかせている会社との打ち合わせや、郵便局との会議などの合間に、トラックドライバー不足の解決策に関する資料や月次報告書を作成する。

Q 将来のために、今努力していることはありますか?

郵便物等の輸送は、全国の郵便局とのつながりをはじめ、さまざまな部署との連携で成り立っています。そのため、部署の垣根をこえて助け合える関係を築くことが大切です。

私は日ごろから、仕事で関わる人と積極的にコミュニケーションをとるようにつとめています。頻繁に郵便局に行って現場の意見を聞かせてもらうことも、そのひとつです。

また、上司や先輩ともたくさん話をするようにしています。仕事が終わった後には、よくいっしょに食事に行きますね。信頼関係を深めるなかで、貴重なアドバイスをもらえることも多く、自分自身の成長につながっています。

「物流業界にはトラックドライバー不足などの課題が多いですが、物流を引き受ける会社として課題を解決しながら、みなさんの役に立ちたいです」

「会社に広い食堂があります。休憩がてら、同期の仲間をさそって情報交換をします」

Q これからどんな仕事をし、どのように暮らしたいですか?

物流業界のエキスパートとなって、トラックドライバー不足の問題をはじめとするさまざまな課題に対し、先頭に立って取り組んでいきたいです。

上司を見ていて思うのは、輸送に関するしっかりした考えをもって仕事をしているということです。これまでの努力や経験が自信になっているのだと思います。私も、自信をもって業務にあたり、物流業界の問題にも切りこんでいけるようになりたいです。

幼いころにあこがれたトラックが活躍する輸送の仕事に関わることができて、私は今、充実した日々を過ごしています。これからも、この仕事で社会の役に立っていけるようにがんばろうと思います。

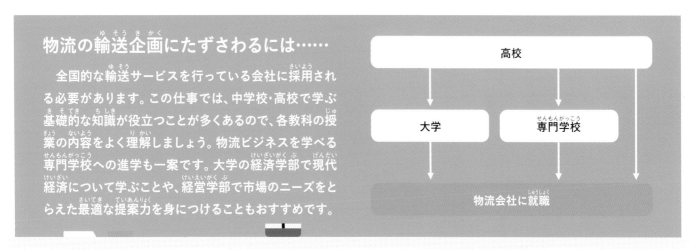

物流の輸送企画にたずさわるには……

全国的な輸送サービスを行っている会社に採用される必要があります。この仕事では、中学校・高校で学ぶ基礎的な知識が役立つことが多くあるので、各教科の授業の内容をよく理解しましょう。物流ビジネスを学べる専門学校への進学も一案です。大学の経済学部で現代経済について学ぶことや、経営学部で市場のニーズをとらえた最適な提案力を身につけることもおすすめです。

```
高校
  ↓
大学 ／ 専門学校
  ↓
物流会社に就職
```

※ この本では、大学に短期大学もふくめています。

子どものころ

Q 小学生・中学生のとき、どんな子どもでしたか？

　小学2年生のときに「2002FIFAワールドカップ」が開催され、日本中がサッカーの応援に湧きました。優勝したブラジル代表のロナウド選手やイングランド代表のベッカム選手が注目され、私もサッカーに夢中になりました。学校の休み時間や放課後などに、いつもサッカーをしていましたね。

　中学校に進むと、サッカー部に入って本格的に取り組みました。Jリーグの試合を観るのも好きで、応援するガンバ大阪の試合に両親に連れていってもらったこともあります。ヨーロッパのサッカーリーグもチェックしていたので、海外のサッカー情報がのっている雑誌も買って読んでいました。当時はメッシ選手やクリスティアーノ・ロナウド選手といったスター選手が活躍している時代で、友だちとボールの蹴り方をまねして遊んでいましたね。

　部活がない日は、『ウイニングイレブン』というサッカーのテレビゲームで遊んでいました。親には、「勉強もしなさい」と言われましたが、いつも後まわしにしていました。それでも、私が通っていた学校は先生たちが親身に指導してくれるところだったので、勉強がきらいになることはありませんでした。国語や社会は、比較的、得意だったと記憶しています。

寺岡さんの夢ルート

小学校 ▶ とくになし

将来なりたいものはとくに考えていなかった。

▼

中学校・高校 ▶ サッカーのコーチ

中高一貫校に通い、サッカー部の先生にあこがれの気持ちをもった。将来はサッカーを人に教える仕事もよいかなと思った。

▼

大学 ▶ 物流業界で働く

就職活動をひかえて各業界についての本を読んだとき、人々の生活に欠かせない物流の仕事に興味をもった。

中学の卒業アルバムにのっている寺岡さん。中学時代はサッカーばかりの毎日だった。

サッカー部の仲間たちと撮った写真（中央）。「できて間もない部だったので、厳しくはありませんでした」

中学時代、サッカー部で使っていた上下のジャージ。

Q 子どものころにやっておけばよかったことはありますか？

　学校に行けば、親身に教えてくれる先生や勉強が得意な友人たちがいましたし、家に帰れば家族のサポートがあるなど、私には勉強するのに十分な環境が整っていました。けれども、その環境のありがたさに気づけずに勉強をおろそかにしてしまい、もったいないことをしたと感じています。

　当時は何の役に立つのか分からなかった学校の授業も、社会に出ると役に立つことが多くあります。もう少しやっておくべきだったと、今になって思いますね。

Q 中学のときの職場体験は、どこへ行きましたか？

学校では職場体験の授業がなかったため、家族から「代わりになる経験をしよう」という提案を受けて、中学3年生のときに大阪市で開かれていたモーターショーに行きました。自動車の展示や、さまざまな企画を楽しめるイベントでした。

そのひとつに、自動車に関わる仕事の体験ができるコーナーがありました。私はトラックドライバーの体験を選んで、ハンドルやシフトレバーを触らせてもらったり、荷物を効率よく積む競争に参加したりしました。

Q モーターショーではどんな印象をもちましたか？

トラックの運転席に乗れたことが、とにかくうれしくて楽しかったことを覚えています。

担当してくれた方は、実際のトラックドライバーさんで、仕事のやりがいや大変なことなど、いろいろ教えてくれました。

印象に残っているのは、「長時間の運転をしなくてはならないことがあり、きついときがある」と話されていたことです。事故を起こさないために行っている工夫などを聞いて、さすがだなと思うと同時に、こんなにかっこいい仕事でも、楽しいだけではないのだと感じました。

Q この仕事を目指すなら、今、何をすればいいですか？

以前、ある地域である時期だけ、輸送にかかる費用の支出が増えたため、不思議に思って調べたことがあります。その際、私は中学校の地理の授業で習った、その地域の特産品のことを思い出しました。すると思ったとおり、その農産物が旬をむかえる時期で、全国からの注文によって輸送が増え、支出が増えていることがわかりました。

このように、中学時代に学ぶ内容には、将来に役立つ情報がたくさんつまっています。使える知識を増やすつもりで授業を聞くとよいのではないでしょうか。勉強に限らず、行事や部活など、学校でできることは経験しておきましょう。

今ある輸送の仕組みを大切にしながら、さらに効率的な仕組みに整えていきます

－ 今できること －

ふだんの暮らし

郵便輸送のほかにも、昼夜を問わずさまざまな物流の仕組みが生活を支えています。身近に見られるのはトラック輸送なので、どんなトラックが走っているのか、興味をもって観察してみましょう。また、商品を注文する際に「送料無料」をうたっている場合でも、すべての配送にはお金がかかることを理解しましょう。

郵便の歴史や切手、物流などについて学べる施設が全国にいくつかあります。インターネットなどで調べて、機会があれば行ってみましょう。

国語 関係者に対し、郵便輸送のシステムについて提案する仕事があります。作文では、書きたいことを前もって整理し、それから起承転結の構成を考えて書きましょう。

社会 地理分野の勉強に力を入れましょう。地域の産業構造に関する知識が、効率のよい輸送の仕組みを考えるときに役立ちます。

数学 輸送にかかる費用の計算と効率のよい輸送ルートの策定には、計算が不可欠です。多くの計算問題をこなして、数字に対する苦手意識をなくしましょう。

技術 情報とコンピューターの単元で、デジタル技術に関して学びましょう。データをあつかう仕事に欠かせません。

ファッションECサービス
運営会社の物流拠点スタッフ

Logistics Staff of Fashion EC Company

ZOZO
北山悠馬さん
入社4年目 25歳

> 多くのスタッフとともに
> たくさんの商品を
> お客さまに発送します

ZOZOはファッションEC※のサービスを提供する会社です。通販サイトを通じてたくさんの商品を販売しています。ZOZOの大きな物流拠点で、お客さんのもとへ商品を送る仕事をしている北山悠馬さんにお話を聞きました。

用語 ※ EC ⇒「electronic commerce」（電子商取引）の略。インターネット上で行われるモノやサービスの取り引きのこと。

Q ファッションECサービス運営会社の物流拠点スタッフとはどんな仕事ですか？

ZOZOは、ファッション通販サイト「ZOZOTOWN」などを運営する会社です。お客さまはZOZOTOWNを通じて、さまざまなブランドやショップの商品を買うことができます。

私の職場はZOZOBASEとよばれる物流拠点です。ここで、トラックで送られてきた多くの商品を受け取る「入荷」の作業を行い、保管し、注文に応じてお客さまのもとへ発送します。

入荷、保管、発送を行う3つの部門のうち、私は入荷部門を担当しています。ここではまず、届いたものを把握するため、商品に添付されている納品書のデータをパソコンに入力する「荷受」をします。それから商品に欠陥がないかを確かめる「検品」をして、注文があるまで保管する場所へ移送します。

ZOZOBASEには、商品が詰まった段ボール箱が1日に平均5000個も到着します。これらの荷受と検品作業を、毎日100名以上のアルバイトスタッフが行います。私をふくめ10数名の社員が、彼らがスムーズに働けるように指示や調整をします。アルバイトはシフト制※なので毎日同じメンバーというわけではなく、複雑な勤務体制を組んでいます。

私たちの使命は、お客さまに商品を予定通り確実に届けることです。そのために、作業をより効率よくできる方法がないかを日々考え、作業現場を管理・監督します。アルバイトスタッフが安心して働けるように環境を整えることや、安全な作業のルール整備も、社員の大切な仕事です。

北山さんのある1日

08:00	出社、勤務開始
08:30	朝礼
09:00	前日の作業実績をチェック・分析する。社内連絡を行い、連絡事項に目を通す
11:00	ランチ
12:00	アルバイトリーダーとの面談
14:00	業務委託会社との定例会議
15:00	翌日の作業目標を設定する
16:30	終礼
17:00	退社

千葉県にある物流拠点「ZOZOBASE 習志野1」。在庫商品を保管する倉庫でもあり、発送業務を行う場所でもある。

ZOZOBASEでの商品発送の流れ

❶ 入荷する（荷受）

ブランドから送られてきた商品を受け取り、納品書のデータをパソコンに入力する。納品書と商品についているタグの情報を照らし合わせ、必要な商品がまちがいなく届いたかを確認する。

❷ 検品とシール貼り

商品に欠陥がないか検品し、発送に必要な情報が入ったバーコードつきシールを、商品を包む袋に貼る。バーコードを読み取った後はロボットが運搬し、保管場所ごとにふり分ける。

❸ 保管する

ZOZOBASEには、商品を保管する広い場所がある。お客さんからの注文が入るまで、商品を保管する。

❹ 注文に応じて、対象の商品を取り出す

ZOZOTOWNのWEBサイトを通じてお客さんからの注文が入ると、広い保管場所から対象の商品を取り出す。それから納品書の作成や商品の箱詰めなど、発送の準備をする。

❺ 発送する

準備ができた商品を発送する。通常、注文を受けた翌日から4日以内に発送している。配送地域によって、早い場合は注文を受けた当日にお客さんまで届ける配送サービス（有料）もある。

用 語　※ シフト制 ⇒ 勤務日時を固定せずに、週ごとや月ごとの単位で、働く人の希望を取り入れて決める働き方のこと。

仕事の魅力

Q どんなところが やりがいなのですか？

　自分のアイデアで効果を生み出せるところです。例えば、トラックから荷物を下ろす位置を変更すればスタッフの運搬作業の負担を減らせるのではないかと考え、実際に取り組んだことがありました。入荷部門全体の調整が必要になったため大変苦労しましたが、この変更によってアルバイトスタッフが荷物を運ぶ距離が短くなりました。「運搬作業の負担が減った」と感謝され、やりがいを感じましたね。会社としても費用の削減につながり、全体によい結果をもたらすことができたと感じています。

この日の荷物の受け入れ作業について、アルバイトスタッフに説明する北山さん。この場所に、商品を積んだトラックが到着する。

パソコン業務を行うためのスペース。「自分専用の席はなく、空いている席で作業します」

Q 仕事をする上で、大事に していることは何ですか？

　すべての仕事にスピード感をもって取り組むことです。ZOZOBASEでは少しでも早く、そして正確にお客さまへ商品をお届けするために、試験的な取り組みやその取り組みが成功しているかの検証を日々行っています。通常の業務を止めずに、同時に試験作業を進める必要があるので、のんびりした性格の私も、仕事ではすばやく動くように心がけています。

• ノートパソコン •

• 社員証 •

PICKUP ITEM

会社から支給されたノートパソコンには好きなシールを貼って、自分仕様にして使っている。また、各社員はバーコードつきの社員証をつねに身につける。物流拠点では部外者が侵入できないように厳重な防犯対策がほどこされ、入退室のたびに社員証での確認が必要だ。

Q なぜこの仕事を目指したのですか？

楽しく働くことを大切にするZOZOの社風に魅力を感じて入社を希望しました。大学4年生の就職活動中にZOZOの採用ページを見つけたんです。WEBサイトにのっていたのは、私服で楽しそうに働く先輩方のインタビュー記事でした。私はスーツを着てネクタイをしめて働くことに苦手意識があったので、私服でリラックスして働いているようすにぐっと惹かれました。しかも、記事を読むと、社員は指示されたことをただやるのではなく、やりたい仕事を自分から進んで行い、その成果が世間からも高く評価されていることが伝わってきました。

ECサービスの大もとを支える物流について深く理解したいという思いもあり、物流の仕事にたずさわっています。

社内のくつろぎスペースで、同期の仲間と話をする。「リモートワークの日もあるので、会って話ができるとうれしいですね」

Q 仕事をする上で、難しいと感じる部分はどこですか？

必要な情報を、働くスタッフ全員と正しく共有することです。例えば、作業内容を変更するときは、その目的や理由をアルバイトスタッフにも理解してもらう必要がありますが、数百人のアルバイトスタッフ全員と共有することは簡単ではありません。そのため、丁寧に説明する機会を設けたり、ポスターをつくって貼り出したりするなどの工夫をしています。

工夫のひとつに、ふだんからアルバイトスタッフとコミュニケーションをとるように心がけるということがあります。現場で働く日には必ずスタッフのだれかに話しかけるという目標を立てていて、一度も話したことがないという人がいないようにしています。こうして日ごろから人間関係をつくることが、社員とアルバイトスタッフの全員が同じ認識をもって仕事ができる環境につながると考えています。

商品にシールを貼り、読み取り機でバーコードを読みこむ作業を、アルバイトスタッフに教える。黄色のロボットに商品を入れると、保管場所ごとに自動でふり分けられる。

Q 今までにどんな仕事をしましたか？

入荷作業の一部の流れを変更するプロジェクトを担当しました。数年前、感染症流行の影響で人が密になるのを避けなければならないことがありました。そのため、現場の人数や作業の効率を見直す必要にせまられたんです。

入荷で必要な作業を確認したところ、データを入力する作業が現場でなく別の場所でもできるとわかりました。そこで、入力作業を行う場所を分けるように変更しました。これにより、作業する環境が変わっても仕事の質を落とすことなく、人が密になるのを避けることができました。

Q この仕事をするには、どんな力が必要ですか？

物事を広い視野で観察できる力が必要です。より早く、正確にお客さまに商品を届けるために、改善できることはたくさんあるはずです。そのためにはまず、作業がやりづらそう、または時間がかかっているなど、ZOZOBASEのなかで起きている問題を発見する必要があります。やりづらさを感じている人の目線に立ったり、一歩引いて全体を見渡したりするような視野の広さを身につけると、見えなかったものが見えて解決に近づけると思います。

毎日の生活と将来

Q 休みの日には何をしていますか？

海釣りによく行きます。海の近くに住んでいるので、休みの日の朝に天気がよければ出かけます。

職場の同期入社のメンバーはみな仲良しで、いっしょに旅行に行ったりお酒を飲みに行ったりします。同じ部署の同期の仲間と韓国のソウルに行きました。ソウルの弘大というところは東京の原宿のような街で、たくさんの若者が集まっていて活気があり、楽しかったです。

「千葉市内のZOZOマリンスタジアムに野球観戦に行きました。仕事の後に気軽に楽しんでいます」

近所の海で釣りをする北山さん。「のんびりと釣り糸をたらす時間が好きです」

「のびるチーズが入ったトーストです。弘大にはおいしいものがたくさんありました」

Q ふだんの生活で気をつけていることはありますか？

仕事とプライベートの時間をきちんと分けるようにしています。仕事のときは、効率を上げるためにも仕事に集中します。反対に、遊んでいるときには遊びに集中した方が、楽しい時間を過ごせます。

仕事を終えたら、そこからは自分の時間です。家で動画を見たり、ゲームをしたりします。最近の楽しみは野球観戦です。一日がんばって働いた後、東京ドームや近くのZOZOマリンスタジアムなどに出かけ、野球観戦をします。大きな声を出して好きな球団の応援をするのは楽しいですし、仕事の疲れもふき飛ぶ気がします。

北山さんのある1週間

物流拠点である現場での管理の仕事は、ほかの社員と日替わりで行っている。会議や面談は、オンラインで行うことが多い。

	月	火	水	木	金	土	日
05:00	睡眠	睡眠	睡眠	睡眠	睡眠		
07:00							
09:00	出社 現場管理作業	連絡事項確認 チーム定例会議 資料作成	出社 現場管理作業	連絡事項確認 アルバイトリーダーと面談	連絡事項確認 社員定例会議		
11:00	食事休憩	食事休憩	食事休憩	食事休憩	食事休憩		
13:00		会議の準備 リーダー定例会議 資料作成		A社 定例会議準備 A社 定例会議 B社 定例会議準備	報告会準備		
15:00	現場管理作業	実績報告会議	現場管理作業	B社 定例会議 上司と面談	上司へのコスト報告 報告会のまとめ		
17:00	まとめ作業・残りの仕事を行う	まとめ作業・残りの仕事を行う	まとめ作業・残りの仕事を行う	まとめ作業・残りの仕事を行う	まとめ作業・残りの仕事を行う	休日	休日
19:00	退社		退社				
21:00							
23:00							
01:00	睡眠	睡眠	睡眠	睡眠	睡眠		
03:00							
05:00							

Q 将来のために、今努力していることはありますか？

お金を運用して資産を増やすことです。将来のためにも最低限の備えをしておこうと思い、2022年から始めました。お金についての知識を得ることもできるので、よい習慣だと感じています。

健康維持にもつとめています。中学・高校時代はずっとスポーツをしていましたが、社会人になったら体を動かす機会があまりないことに気づきました。運動量が少ないことに自分でもおどろいて、ジムに通うことにしたんです。胸板を厚くしたいので、おもに胸筋をきたえるトレーニングをしています。

ZOZOBASEのエントランスにて。「これからも、お客さま・社員・アルバイトスタッフを笑顔にすることを目標に働きます」

「胸筋をきたえるトレーニングをしているところです。ジムのマシンでは効率よくきたえたい部分の筋肉を動かせるので、便利です」

Q これからどんな仕事をし、どのように暮らしたいですか？

将来は管理職になりたいので、現在所属している部署とはちがう分野の業務内容についても勉強したいと考えています。興味があるのは、エンジニアなどIT系の業務です。そこで身につけた知識や経験があれば、どの部署に行っても役立ちそうです。

現在住んでいる千葉県は、住みやすくてとても気に入っています。自宅のまわりも、田舎すぎず都会すぎず、自分にとってちょうどよい雰囲気の街なんです。海も野球場も近くてすぐに遊びに行くことができますし、お祭りもあるので楽しいんですよね。この先もずっと千葉県で暮らしていくような気がしています。

ファッションECサービス運営会社の物流拠点スタッフになるには……

正社員として働く場合、多くの会社で大学卒業以上を採用の条件としているので、大学への進学をおすすめします。また、この仕事では多くのアルバイトスタッフをまとめる力が求められるので、経営学部などでよりよい組織づくりについて学ぶのもよいでしょう。商学部でマネジメントを学べる大学もあります。

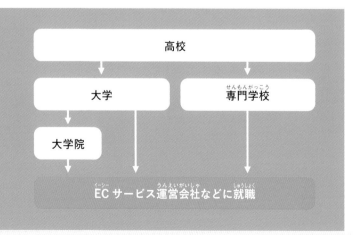

高校 → 大学 → 大学院 → ECサービス運営会社などに就職
高校 → 専門学校 → ECサービス運営会社などに就職

子どものころ

Q 小学生・中学生のとき、どんな子どもでしたか？

子どものころはお調子者で、何かと目立ちたがり屋でした。人を笑わせることが好きで、いつもグループの中心にいないと気がすまないタイプでしたね。中学生のとき、芸人になりたいと本気で考えていた時期もありましたが、あと一歩が踏み出せませんでした。

小学生のときはスイミングスクールと英会話教室に通っていて、英語の成績はずっとよかったです。

中学生になってからはテレビで観ていた野球に興味がわき、野球部に入りました。朝は7時から練習に出かけ、放課後も毎日練習に明けくれていましたね。土日も練習試合に行くなど休みがなく、まさに野球一色の日々でした。毎日がんばって練習していたのに、3年生の最後にのぞんだ大会では、初戦で敗退してしまったんです。あまりにあっさりと負けてしまったので「え？ もう終わり？」と、びっくりして涙も出ませんでした。けれども、仲間と汗を流して練習したことや力を合わせて試合にのぞんだことは、忘れられないよい思い出です。

北山さんの夢ルート

小学校 ▶ サッカー選手

サッカーをやったこともなく好きなわけでもなかったが、卒業文集に書いていた。

▼

中学校 ▶ 芸人

友だちを笑わせることが好きだった。

▼

高校・大学 ▶ とくになし

具体的な職種は思い浮かばなかったが、かたくるしさのない、にぎやかな雰囲気の職場で働きたいと思っていた。

中学時代にうちこんだ野球部のユニホーム。

「中学時代に使っていたグローブです。ポジションはセンターでした。上司のお子さんに使ってもらうことになりました」と北山さん。

中学の野球部のみんなで撮った写真。「野球に打ちこんだ経験を通して、チームワークの大切さを学びました」

Q 子どものころにやっておいてよかったことはありますか？

英語を勉強していたことです。姉が通っていた英語塾の評判がよかったので、親にすすめられて小学5年生から通い始めました。少しずつ英語がわかるようになると、どんどん英語が好きになりました。人は、好きなことは一生懸命やるし、がんばってやればやるほどできるようになるんですね。

英語塾に通うのがとにかく楽しくて、高校を卒業するまで通い続けていたら、すらすらと英語が話せるようになりました。高校での英語の成績もよかったので、大学は指定校推薦※で入学しました。今の仕事では英語が必須ではありませんが、役立てていきたいと思います。

用 語　※ 指定校推薦 ⇒ 大学が指定した学校の、校内選考を通過した生徒だけが出願できる入学試験制度。

Q 中学のときの職場体験は、どこに行きましたか？

地元の兵庫県には「トライやる・ウィーク」という活動がありました。数名でひとつのグループになって、近くにあるお店や工場、コンビニエンスストアなどから職場体験したいところを選んで1週間ほど働くという取り組みです。

私は中学2年生のときに幼稚園に職場体験に行きました。子どもたちといっしょに遊んだり、紙芝居の読み聞かせをしたりしましたね。今でもお世話になった幼稚園のことをよく覚えています。

Q 職場体験ではどんな印象をもちましたか？

子どもと遊びたくて幼稚園を選んだので、毎日が楽しくて、初めは仕事という感覚がありませんでした。

けれど、日が経つにつれて先生方の目線で子どもを見るようになると、幼稚園は遊びのなかで子どもを正しい方向へ導くための教育施設だと改めて感じました。子どもがいたずらやけんかをしたときにどう対応し、どう導くかが大切なんですね。しかも、けがや事故が起こらないように注意しなくてはなりません。幼稚園の先生は責任が大きく、大変な仕事だという印象をもちました。

Q この仕事を目指すなら、今、何をすればいいですか？

年代を問わず、さまざまな方とコミュニケーションをとった経験があると、将来きっと活きてくると思います。

そのためには、中学生のうちからいろいろな人と関わるチャンスを活かしてください。親、先生、友だち、先輩、近所の方、だれでもいいと思います。年齢や性別、国籍も関係なく、多くの人とコミュニケーションをとってほしいです。思いやりをもち、相手の目を見て気持ちを想像しながら会話をすることが大事です。そういったコミュニケーションから学んだことを、その後の自分の言動に活かしていくと、他人とよい関係を築いていけると思います。

千葉のよさを満喫しながら、多くの人を笑顔にする仕事をしていきます

－ 今できること －

ふだんの暮らし

物流拠点では、年齢や出身地もさまざまな、たくさんの社員やアルバイトスタッフが働いています。自信をもって大勢の人とやりとりできるように、小・中学生のうちから人と接する行事や活動に積極的に関わりましょう。学校の委員会や行事の運営委員の活動のほかに、保護者と相談して、地域の子ども会の活動、学外のクラブや習い事などに取り組むのもよいでしょう。また、ニュースを見たり、本や新聞、雑誌を読んだりして話題を豊かにしておくと、人と話すときに役立ちます。

国語 物語や説明文などを読み、さまざまな立場の人の心情や考えについて理解しましょう。

数学 数と式の単元を通じて、文字を用いた式で数量や数量の関係を説明できることを理解しましょう。論理的思考は作業環境の改善案を考えるのに役立ちます。

技術 物流拠点では多くの機器や情報技術を利用します。生活や産業のなかで利用されている技術や、コンピューターの仕組みと基本的な情報処理について学びましょう。

英語 国籍がちがうアルバイトスタッフとも仕事ができるように、英語の授業を通じて生活習慣のちがいや異文化に対する理解を深めましょう。

総合スーパーの食器バイヤー

Tableware Buyer of General Merchandise Store

イオンリテール
安藤幸子さん
入社12年目 33歳

> お客さまに心地よく使ってもらえる商品を調達して、店舗で売ります

イオンリテールは、全国の「イオン」「イオンスタイル」の総合スーパー※のうち、東北を除く本州と四国の店舗を運営する会社です。店で販売する食器・卓上用品の商品企画などを担当している安藤幸子さんに、お話を聞きました。

用 語 ※総合スーパー⇒食品だけでなく、衣料品や住居用品など、はば広い商品をあつかっている大型スーパーのこと。

Q 総合スーパーの食器バイヤーとはどんな仕事ですか?

私はイオンリテールという会社で、メーカーや問屋と協力しながら、使い勝手がよく、価値のある商品をお客さまに届ける仕事をしています。300の店舗で販売されるお皿やスプーン、フォーク、箸など、卓上用品の商品企画を行い、問屋を通してメーカーから仕入れています。

イオンリテールでは、伝統的な焼き物を製造している全国各地の食器メーカーに依頼し、イオンリテール用の食器を製造してもらっています。私は問屋の担当者といっしょに各地の食器メーカーを訪ねて商談をし、食器についての要望を各メーカーに伝えます。商談には、産地で食器の生産管理をする産地商社※の担当者にも来てもらいます。完成した食器は、問屋の倉庫に取り置かれてから、各地のイオンリテールの店舗へ納品されます。

仕入れ商品とは別に、問屋を通さずにメーカーと直接契約し、自社ブランドとしてつくる食器もあります。これらは私が品ぞろえを決め、社内の商品開発担当者と開発します。

会社の売上目標に沿って販売計画を立てる仕事もあります。販売計画は、いつ何を店で売るかを決めて、商品に値段をつける作業です。例えば、いちばん売りたい商品の値段を500円と設定したら、300円、800円などの値段の商品もいっしょに売り出します。売りたい商品より少し高めのものと低めのものをそろえることで、お客さまそれぞれの求めに応じられるからです。私はこれらの仕事を通して、お客さまが求める商品を、適切なタイミングと値段で届けます。

安藤さんのある1日

（出社の日）
- 08:30 出社。メールチェック、商品の販売計画に関する資料づくり
- 12:00 ランチ
- 13:00 販売計画について上司と打ち合わせ
- 14:00 卓上用品（しょうゆ差し）メーカーの担当者と商談
- 15:00 資料づくり・売り上げの数字の分析
- 17:30 退社

（出張の日）
- 09:00 岐阜県に到着。産地商社の担当者と打ち合わせ
- 11:00 岐阜県内の食器メーカー3社をまわり、それぞれ商談をする（ランチをはさむ）
- 17:00 商談終了。新幹線で帰途につく

岐阜県の食器メーカーに、イオンリテール向けにつくってもらっている食器。300店舗で販売するには、何千、何万の同一商品が必要になる。

イオンリテールの食器仕入れ関係図

産地		流通業者		
食器メーカー →商品→ ←代金←	産地商社（産地問屋） →商品→ ←代金←	問屋 →商品→ ←代金←	イオンリテール（安藤さん） →商品→ ←代金←	消費者
イオンリテールからの注文内容を確認し、イオンリテール向けの食器をつくる。	メーカーの制作スケジュールを管理する。完成した食器を梱包し、問屋に発送する。	何社もの産地商社から送られてきた食器を、問屋の倉庫に取り置く。注文に応じて、各地のイオンリテールの店舗に納品する。	消費者が求める食器を企画し、問屋を通して商品をメーカーから仕入れ、各店舗に届くように手配する。ディスプレー案の検討やセールの企画を行い、店舗に指示する。	イオンリテールの店舗で気に入った食器を購入する。

用語　※産地商社 ⇒生産地にある商社で、食器メーカーから食器を仕入れることで産地での生産管理を行う。業界によって呼び名がちがい、織物業界では「産元商社」とよばれる。

仕事の魅力

Q どんなところがやりがいなのですか？

前年よりも売り上げがのびたときに、商品企画と販売計画のねらいが当たったと手応えを感じますね。実際に店の売り場を見に行った際に、店のスタッフが「今回の商品、すごくいいよ！」と言ってくれたことがあり、その言葉が次の企画へのやる気につながりました。

また、食器の多くは、ひとつひとつが機械ではなく手作業でつくられています。産地のメーカーや問屋など、多くの人の手を経て商品化されたものです。その成果としての商品をお客さまが手にとって購入してくださるのを見ると、仕事をしていてよかったと思います。

イオンリテールでは、自社での商品開発も行う。できあがった試作品を手に、開発チームのメンバーと商品についての意見を交換する安藤さん。

長崎県の陶磁器メーカーを訪問。「ここは、波佐見焼で有名な街です。直接生産者さんと話した方が、色や柄についての希望が伝わりやすいです」

Q なぜこの仕事を目指したのですか？

もともとは、高校時代に日本の食料自給率と農業の持続可能性の低さに危機感をもったのがきっかけでした。それらの問題の解決策を探りたくて農業大学に進んだのですが、卒業後の進路を考えたときに、総合スーパーをおもに運営するイオングループに就職すれば、衰退しつつある農業を盛り上げることができるのではないかと思ったんです。

けれども、入社後に配属されたのは寝具やインテリア用品の売り場でした。あてが外れたと思いましたが、あるバイヤーの方から、寝具の商品知識やお客さまが買い物をしやすい売り場づくりについて指導を受けたんです。教えてもらっているうちに、そのバイヤーの方がしている、お客さまが求める商品を企画し、販売の計画を立てる仕事に興味が出てきました。そこで、現在の部署への異動を希望しました。

Q 仕事をする上で、大事にしていることは何ですか？

店で商品を購入してくださるお客さまをよく観察し、この方が負担に感じていることはどんなことかな、と想像するようにしています。ひとり暮らしの方、お子さまがいる方、高齢の方、それぞれが食器に求めることはちがうはずです。自分が買い物をするときにも、それぞれの方にとっての使いやすさを想像しながら商品を見ています。

今開発中の自社ブランドの食器は、いかに軽くするか、また、汚れを落ちやすくするかを追求しています。使う人にとって、かたづけが少しでも楽になるようにするためです。

パソコンを使って在庫の確認をする。「地域や店の規模によって、売り場に置く商品の数や種類が変わります」

Q 今までに どんな仕事をしましたか？

入社後数年間は、寝具・インテリア用品売り場の担当者として、売り上げなどの数値管理や、売り上げがのびるような売り場にする工夫を日々行いました。

4年目に、新店の開業を担当しました。オープンまでの準備のほか、パートタイマーとして働くスタッフにレジの打ち方やお客さまからの要望への対応の仕方を教える体験をし、人に教えることの難しさを実感しました。後輩の女性社員は教えるのが上手で、私にとってのお手本でしたが、負けたくない気持ちでがんばりました。

7年目にはインテリア用品の担当として、商品の在庫管理をする専門職を体験しました。店舗と倉庫の在庫を減らしすぎず、増やしすぎず、在庫の調整をする係です。サプライチェーン※の動きを理解することで、バイヤーの仕事の基礎を学びました。8年目から、今の仕事をしています。

Q 仕事をする上で、難しいと 感じる部分はどこですか？

商品の数と商品の値段を管理する販売計画の仕事では、在庫の数と仕入れの数のバランスを考えて調整するのが難しいです。例えば、仕入れ計画の通りに仕入れたら売り上げがのびず、在庫が増えてしまい、それで仕入れを減らしたら、こんどは売りたい数に届かなかった、などということがあります。さらに、値引きのタイミングと値引き率によっても、売り上げが変わります。

私は今、サイズや色ちがいの商品までふくめて、およそ1000の商品を管理しています。売り上げをのばすためのこれらの数字の微調整に苦労しています。

「同じフロアに在庫管理の担当者がいます。コミュニケーションを密にとって、みんなの力を借りながら仕事をします」

Q この仕事をするには、 どんな力が必要ですか？

世の中の動きの変化にアンテナを張る力が必要です。

食器ひとつをとっても、売れる商品は世の中の動きにつながります。例えば、感染症が流行していたときに外出をひかえることが求められるなか、屋外で密をさけて楽しむアウトドアがブームになりました。この動きに注目すれば、軽くて割れないプラスチック製の食器を売ろうという販売戦略が考えられます。このように、世の中の動きに敏感でいることが求められる仕事です。

世の中の動きに関する情報を自らとりにいく力も大切です。情報は、待っていてもやってきません。本や雑誌を読む、競争相手のスーパーを視察に行くなどの行動をして、世の中に求められているものを探るようにしています。私は、住居にある生活用品だけでなく、アパレルや食品、外食業界、観光業などのニュースにも注目しています。

• メーカーのカタログ •

• ノートパソコン •

PICKUP ITEM

食器商品の企画は、陶磁器産地のメーカーが出しているカタログを見ながら検討する。安藤さんはイオンリテールの食器バイヤーとして、岐阜県だけで10以上の陶磁器メーカーとつきあっている。またメーカーや問屋、イオンリテールの店舗の担当者などとの連携にノートパソコンが必須だ。

用語　※サプライチェーン⇒ある製品が原料の段階から消費者に届くまでの、一連の流れのこと。

毎日の生活と将来

Q 休みの日には何をしていますか？

イオンリテールは本社が千葉県にある会社で、私も県内に住んでいます。休みの日には新宿などの都心に出て買い物をすることが多いですね。食器などが置いてある生活雑貨店があったら、必ず立ち寄ります。学生時代の友人たちとランチをすることも多いです。

長期の休みには、スキーやキャンプをします。長野県にある野沢温泉のスキー場がお気に入りです。

「友だちとスキーに行きました。左から2番目が私です」

「日帰りキャンプのついでに、ガラス工房に立ち寄ってガラスの器づくりを体験しました。陶器もいいですが、ガラスもおもしろいですね」

Q ふだんの生活で気をつけていることはありますか？

生活雑貨店などですてきな商品の見せ方や並べ方を見かけたら、チェックするようにしています。「秋のディスプレーの参考になりそう」などと覚えておくと、社内で意見を出し合う際のヒントになるからです。

また、近所のスーパーの食材売り場では、「今トレンドの食品やデザートは何かな？」「旬の食品で今季の推しは何かな？」と商品の動向を見るようにしています。さらに「その食品を使った料理に合った食器やテーブル用品はどんなものか？」など、買い物をしながら考えをめぐらせます。

	月	火	水	木	金	土	日
05:00	睡眠	睡眠	睡眠	睡眠	睡眠		
07:00	準備・食事	準備・食事	準備・食事	準備・食事	準備・食事		
	出勤	出勤	出勤	出勤	出勤		
09:00	メールチェック	メールチェック	メールチェック	メールチェック	メールチェック		
	前週の反省・今週以降の対策を考える	開発チームミーティング	開発チームミーティング	開発チームミーティング	開発チームミーティング		
11:00		事務作業	事務作業	事務作業	事務作業		
13:00	昼食	昼食	昼食	昼食	昼食		
	会議用資料作成	来週の出張準備など	メーカーとの商談	棚割(店舗の商品陳列指示づくり)	店舗巡回		
15:00	会議						
17:00	事務作業	事務作業	事務作業	事務作業	巡回を受けて来週以降の対策を考える	休日	休日
					事務作業		
19:00	退勤	退勤	退勤	退勤	退勤		
	帰宅	帰宅	帰宅	帰宅	帰宅		
21:00	食事	食事	食事	食事	食事		
23:00							
01:00							
03:00	睡眠	睡眠	睡眠	睡眠	睡眠		
05:00							

安藤さんのある1週間

会議やミーティング、メーカーとの商談、店舗の巡回、商品の並べ方の指示、出張の準備など、たくさんの仕事がある。合間に事務作業をし、勤務時間中は目まぐるしく働いている。

Q 将来のために、今努力していることはありますか？

　今はバイヤーとしてよい仕事をすることだけを考えています。今の仕事を充実させれば、それが将来のよい仕事につながると思っています。

　仕入れ商品の場合は、つくってほしい食器の色・柄・かたちについて、生産者へ直接伝えることを心がけています。人づてよりも要望が伝わりやすいですし、さらによい関係を築くために、会ってお礼を言いたいからです。

　お客さまの困り事を生産者に伝えて、商品に反映させることも大切です。例えば、食器洗い機を使うお客さまから、食器の底についている高台に水がたまりがちという声がありました。そこで生産者の方に、高台をなくして食器の底を平らにすることを提案しました。すると、水がたまらない上に重ねやすくなったと好評で、よく売れています。生産者と消費者をつなぐバイヤーの役割を果たせた例だと思っています。

安藤さんが社内の商品開発チームとともに手がけた、高台のない食器（上）と箸（左）。使いやすさにこだわって開発した。

「色や柄、かたちには、消費者のメインである30代主婦層の声を反映させることが多いです」と安藤さん。右下の写真は、食器の高台部分の例。

Q これからどんな仕事をし、どのように暮らしたいですか？

　食器関連の業界では、今、生産地での食器生産の後継者不足と、陶磁器をつくる土が足りなくなってきている問題が深刻になっています。将来、国内産の土を使った食器の生産ができなくなるおそれがあるんです。

　今の技術では難しいのですが、企業として、だれもが使ってみたくなるような再生商品を開発する仕事に取り組めたら、問題の解決に貢献できるかもしれません。そのような仕事にたずさわりたいです。

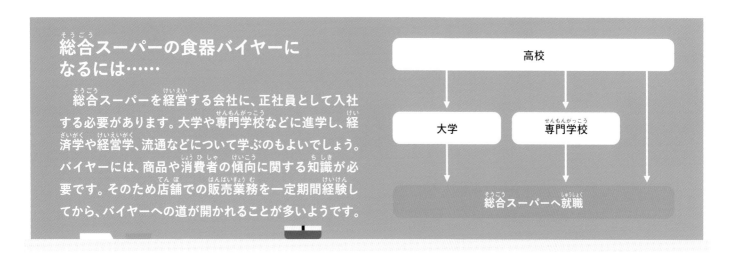

総合スーパーの食器バイヤーになるには……

　総合スーパーを経営する会社に、正社員として入社する必要があります。大学や専門学校などに進学し、経済学や経営学、流通などについて学ぶのもよいでしょう。バイヤーには、商品や消費者の傾向に関する知識が必要です。そのため店舗での販売業務を一定期間経験してから、バイヤーへの道が開かれることが多いようです。

```
                    高校
                     │
          ┌──────────┼──────────┐
          ▼          ▼          │
         大学      専門学校      │
          │          │          │
          └──────────┼──────────┘
                     ▼
              総合スーパーへ就職
```

子どものころ

Q 小学生・中学生のとき、どんな子どもでしたか？

小学生のときは外で遊ぶのが大好きでした。鬼ごっこやバスケットボールをしてかけまわっていることが多く、家にいることが少なかったです。

休日は母が姉の習い事につきあって留守にすることが多かったので、おもに父が、埼玉県内の図書館や美術館、博物館に連れて行ってくれました。東京都の上野にある美術館や博物館へも足をのばしました。当時はまだ小学生で内容を理解することが難しかったのですが、たくさんの展示物にふれたおかげで、図工や美術が好きになりました。

中学校ではソフトボール部に入りました。クラスの友だちよりも、部活の仲間と過ごす時間が多かったです。活動は楽しかったのですが、友だちと先輩との間などで、いざこざがよくありました。私は対立する両者の中間にいることが多く、「安藤さんはどちらにつくのか」とせまられる状況がとてもいやでした。結果的に、はじかれてしまった人のとなりで話を聞くことが多かったように思います。当時は、どうしてこうなってしまうのかと怒りの感情をもつこともありましたね。

小学校 ▶ 宇宙飛行士

さいたま市にある科学館に遊びに行き、同じ埼玉県出身の宇宙飛行士、若田光一さんにあこがれた。

中学校・高校 ▶ 警察官

部活動でのいざこざなどを通して正義感が強まり、悲しむ人のいない世の中になればいいと思った。

大学 ▶ 農業に関わる仕事

農業大学で、食料自給率の低下や農業が衰退している問題を学び、日本の農家を守るためにできる仕事があったら就きたいと考えていた。

「中学の卒業式の日に、教室で友だちと撮った写真です」

中学時代、ソフトボールの試合で活躍する安藤さん。「部活では体力も精神力もきたえられました。チームでの経験が、今の仕事に役立っている気がします」

Q 子どものころにやっておけばよかったことはありますか？

英会話の力をつけておけばよかったです。

イオンリテールは、アジアなど海外の会社と商品開発を行っています。また、海外からも商品を調達しています。イオングループの現地駐在スタッフを通してやりとりをする際に、人づてだと、時間もかかりますし、意図が思い通りに伝わらないことがあります。現地の人と直接会話ができればやりとりがスムーズになるので、それくらいの英語力を身につけていたらよかったと思います。

Q 中学のときの職場体験はどこに行きましたか？

中学2年生のときに書店に行きました。ほかには保育園や飲食店、スーパー、図書館などの候補がありましたが、私は小説やマンガが好きだったので書店を第一希望にしたんです。友だちと3人で1週間行き、開店前や営業中に掃除や本の整理、レジでお客さまに商品を手渡す仕事をしました。

体験に行ったのは、私がいつもお客さんとして足を運んでいた、駅のなかにある書店でした。人通りが多くてお客さまもそれなりに多かったです。

Q 職場体験ではどんな印象をもちましたか？

行く前には楽しみという気持ちが大きかったのですが、当日になると「仕事をする」ということが重く感じられて、緊張しました。実際に体験してみると、お客さまとお金のやりとりが発生する場所ではふざけていてはいけない、遊びではないんだと感じて、ずっと緊張感がありましたね。

また、お買い上げいただいた本にかける紙カバーをつくっておくなど、開店前に必要な作業がいくつかあったことが印象に残っています。接客だけでなく、お客さまをむかえる準備がとても大切なのだと学びました。これはスーパーなどほかの店でも同じなのだろうと思いました。

Q この仕事を目指すなら、今、何をすればいいですか？

自分の興味のあること以外について話を聞いたとき、「へえ、そうなんだ」ですまさずに「それはどういうものなのか」と興味をもってみてください。食べ物、服、文具、家電、音楽、ニュースなど、身のまわりのものすべてが多くの人の手を経て自分に届いていることがわかり、バイヤーの仕事への理解につながります。

衣食住すべてを取りあつかう総合スーパーでは、自分が希望する商品の担当になれるとは限りません。けれども、お客さまの立場で必要とされる商品を考えられるようになったら、どんな商品分野でも同じようにおもしろいはずです。

職人さんがひとつひとつつくった食器のよさを多くの人に知ってもらいたいです

－ 今できること －

ふだんの暮らし

身のまわりの食器や、器にのせられる料理、食材にも興味をもちましょう。また、町内会の催事や学校の文化祭などで、商品を販売する機会があれば参加してみましょう。どんな人が買いに来るか、どれくらいの値段の商品が売れそうかの予測や調査をしてから取り組むと、バイヤーの仕事に不可欠な市場調査の勉強になります。また、バイヤーはチームで商品開発などを行うこともあるので、部活や行事などで仲間と力を合わせて成功を目指す体験もしておくとよいでしょう。

 国語
店舗の担当者や食器の生産者に、売り方や色・柄についての要望を適切に伝える力が必要です。自分の意見をきちんと話す力をつけておきましょう。

 数学
商品の価格設定や在庫管理、売り上げの分析など数字をあつかう仕事です。多くの計算をこなして数字に慣れましょう。単位に関する知識も身につけましょう。

 社会
公民分野で学ぶ「流通のしくみ」をよく勉強しましょう。なかでも「小売店」の役割を理解することが大事です。

 英語
商品の買いつけや商品開発に、海外の人との交渉が必要な場合があります。英会話の力をみがきましょう。

マグロ仲卸会社の営業担当者

Sales Staff of Tuna Wholesaler Company

樋長
中嶋麻緒さん
職歴9年目 36歳

よいマグロの
見極めは、私たちに
まかせてください！

"東京の台所"豊洲市場では、毎日大量の新鮮な魚介類が売り買いされています。水産物の仲卸業を営む会社で、生鮮マグロ部の営業チームのリーダーをしている中嶋麻緒さんにお話を聞きました。

Q マグロ仲卸会社の営業担当者とはどんな仕事ですか?

水産物の仲卸は、卸売から魚を仕入れて、小売店や飲食店に販売する仕事です。卸売会社は漁師から魚を仕入れて市場で売ります。しかし、一尾丸ごと売られるマグロは何百kgもあり、スーパーやレストランなどの小売店が簡単に仕入れられる大きさや量ではありません。そのため、私たち仲卸会社が、あつかいやすい大きさに解体して販売します。

私は、東京の豊洲市場にある、江戸時代から続くマグロ専門の仲卸会社で働いています。冷凍されずに市場にやってくる生マグロをあつかう部署で、インドマグロ・メバチマグロ・キハダマグロを担当するチームのリーダーをしています。

私の仕事は、マグロの仕入れと解体、販売です。早朝の市場でほしい魚にねらいを定め、「セリ」に参加します。豊洲市場では毎朝100本から200本のマグロがセリにかけられ、それぞれのマグロにいちばん高い値をつけた仲卸会社が購入できる仕組みです。すべてのマグロの買い手が決まる約30分のうちに、私は3本ほどのマグロを競り落とします。

仕入れた魚を市場内にある店へ運び、チームで協力してすばやく解体し、注文通りの量に切り分けて販売します。お客さんは、スーパーや和食店などです。販売価格も私が決めるので、売り上げも利益も私の仕事しだいです。

私にとってはマグロを安く仕入れることよりも、よいものを確実に仕入れることが大事なので、どうしてもほしいマグロは高い値段をつけてでも仕入れます。よい魚を選び、お客さんに喜んでもらうことが、仲卸会社の大切な仕事です。

中嶋さんのある1日

- 03:50 出社。包み紙など資材の補充をする
  ▼
- 05:00 セリ場でマグロの下付け※をする
  ▼
- 05:30 セリに参加してマグロを競り落とす
  ▼
- 06:00 マグロを市場にある自店へ運び、店先で解体する。魚をブロックにして注文を受けたお客さん用に梱包し、発送する
  ▼
- 11:00 かたづけ開始
  ▼
- 12:00 この日の売り上げを確認
  ▼
- 13:00 終業、退社

豊洲市場のマグロのセリ場。冷凍マグロと生マグロがセリにかけられる。

仲卸会社のスタッフが、冷凍マグロの尻尾部分の切り口を懐中電灯で照らして「下付け」をしているところ。中嶋さんが担当している生マグロも、切り口を見て下付けをする。

マグロが漁師から消費者に届くまで

❶ 漁師や漁業組合

漁師や漁業組合の人が、海でとれたマグロを市場へ運ぶ。冷凍せずに生で流通するマグロは長時間鮮度を保てないので、できるだけすばやく運ぶことが肝心だ。市場へ運んだマグロを卸売会社が買う。

▶

❷ 卸売会社

卸売会社が、買ったマグロを市場で行われるセリに出し、仲卸会社に売る。漁師・漁業組合などの生産者と卸売会社の両方の利益を得るため、セリでいちばん高い値をつけた仲卸会社に売る。

▶

❸ 仲卸会社
（中嶋さんの会社）

セリにかけられたマグロを仲卸会社が買う。セリでは、複数の仲卸会社が買いたいマグロに値段をつけて提示する。もっとも高い値段をつけた会社がそのマグロを競り落とす。仕入れ後、ただちに解体する。

▶

❹ 小売店

スーパーや和食店、居酒屋の担当者が、仲卸会社が小分けにして販売するマグロを買う。市場で直接買うこともできるが、仲卸会社へ前もって注文すれば、宅配便で発送してもらえる。

▶

❺ 消費者

スーパーなどに並ぶマグロの切り身を消費者が購入する。または飲食店などでマグロ料理を注文して食べる。

用語　※ 下付け ⇒ 魚類のセリ場で仕入れる魚を選ぶために行う下見の作業のこと。マグロの場合は、尻尾の切り口を懐中電灯で照らして、身の質、色合い、脂、鮮度を確認する。

仕事の魅力

Q どんなところがやりがいなのですか？

　毎日の経験が成長につながっていると実感できるところです。私はこの仕事を始めたばかりのころ、手で触った感覚で魚の質を判断していました。それがいつのまにか、光り方などを見ただけで、これはよい魚、よくない魚、と見分けられるようになったんです。毎日たくさんのマグロに接し続けていたら、自然と身についていました。

　このように経験を積んで手に入れた感覚で目利きをし、選んだ魚を、「中嶋さんが選んだなら、その魚にするよ」と購入してくれるお客さんがいます。そのように言ってもらえるときが、とてもうれしい瞬間です。

Q 仕事をする上で、大事にしていることは何ですか？

　自分の価値観をお客さんに押しつけないことです。やわらかい魚が好き、歯ごたえのある魚が好きなど、お客さんにはそれぞれ好みがあります。自分がよいと思ったマグロをおすすめするのは基本ですが、それが絶対ではないと思うようにしています。私が考えるよい魚は、調理する人が触って楽しいと思える魚です。調理する人がわくわくする魚なら、食べる人にも、魚の価値が伝わると考えています。

Q なぜこの仕事を目指したのですか？

　市場が豊洲でなく築地にあったころに、樋長のとなりで祖父が仲卸の会社をしていたことがきっかけです。この縁があり、樋長の社長と私は顔なじみでした。以前は、この仕事とはあまり関係のない飲食関係の仕事に就いていたのですが、やめたときに社長に「働いてみないか」と声をかけてもらったんです。

　自分が市場の、しかも事務など裏方の職種ではなく営業の現場で働くとは思ってもみませんでしたが、始めてみるとおもしろくて、祖母に「水を得た魚のようだ」と言われました。

メバチマグロの解体にとりかかる。「私のチームでは1日に約3本のマグロを解体します」

マグロを傷つけないように注意しながら手早く包丁を入れる。包丁の長さは160cmもあり、かなりの力が必要だ。

マグロを半身にまで解体した。「5枚おろしにして、アラ※など不要な部分を取り除きます」

解体したマグロを、さらに小さなブロックに分ける。「仕入れたマグロはあますことなく、すべて売り切ります」

用 語　※ アラ⇒魚を解体したときに、刺身や切り身にできる部位をとった後に残る部分。おもに頭や骨のまわり。

お得意さんが店にやってきた。「いいマグロを仕入れましたよ！」と伝える中嶋さん。

Q この仕事をするには、どんな力が必要ですか？

自分の経験値をためていくことを楽しめる力です。マグロの下付けをする際には、見た目や触ったときの感じなどでよい魚かどうかを見極めます。1本あたり数分という短い時間で判断し、確実に競り落とせる値段をつけなければなりません。これを毎日くりかえすことで、速さと正確さを身につけます。仕入れたマグロを解体してみて、見立て通りのよい魚だとうれしくて、すべての苦労がふき飛びます。

私は、魚を店でさばいたときに、下付けの予想と実物がちがった、ということがないように心がけています。ちがった、と思うのは、私を信頼してマグロを買ってくれるお客さんにも、マグロにも失礼だと思うからです。そう思ってしまう仕入れをしないよう、ひたすら自分の経験値を積み上げています。

Q 今までにどんな仕事をしましたか？

マグロの仲卸にたずさわる前には、飲食店の受付やバーテンダーをしていました。どちらも楽しくはあったのですが、今のように、毎日夢中になる仕事ぶりではありませんでした。

この会社に入り、初めてセリに参加したときのことはよく覚えています。先輩が、セリを取り仕切るセリ人のところへ連れていってくれて、「この子が初めて競るので見てやってください」と挨拶してくれたんです。

セリ中は大声が飛び交って圧倒されますし、男性が多いので背が高くない私はうもれてしまいますが、セリ人の方は、私を探したり呼びかけたりしてくれました。優しさを感じて、ここでならがんばれると思いました。

Q 仕事をする上で、難しいと感じる部分はどこですか？

海が荒れて漁師さんが漁に出られず、魚がないときは困ります。その場合はお客さんに連絡して、生ではなく冷凍ものに変えるかどうかを聞くなどの対応をします。また、マグロのなかでも種類ごとに旬があり、旬ではない魚は味が落ちるので、旬のマグロがない時期も毎年、悩ましいです。お客さんがどうしてもほしいのであれば、旬ではないものでも仕入れなければなりませんが、心苦しくなりますね。

また、自分の身長くらいの長さがある包丁をあつかうので、新人のころはけがが絶えません。すぐに慣れてけがもしなくなりますが、最初のうちは大変だと思うかもしれません。

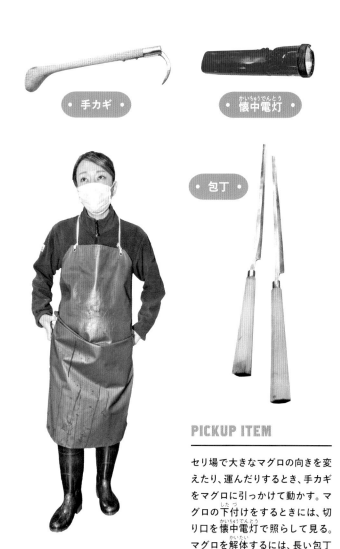

・ 手カギ

・ 懐中電灯

・ 包丁

・ 防水エプロンと長靴 ・

PICKUP ITEM

セリ場で大きなマグロの向きを変えたり、運んだりするとき、手カギをマグロに引っかけて動かす。マグロの下付けをするときには、切り口を懐中電灯で照らして見る。マグロを解体するには、長い包丁が必要だ。店舗での作業中には、防水エプロンと長靴を身につける。

毎日の生活と将来

Q 休みの日には何をしていますか？

　ふらっと街に出かけて、自分が楽しくなるものにふれます。とくに行き先は決めず、散歩をしながら気になったお店をのぞきます。料理が好きなので、食器を見ることが多いですね。高級品で自分では手が出せなくても、すてきなものがお店に並んでいるのを見るだけでわくわくして、楽しい気分になります。

　家で過ごすときは、お酒を飲みながら市場でもらった魚を刺身にして食べることもあります。やはり新鮮なので、お刺身は市場の魚がいちばんですね。疲れを感じると、何もせず1日中寝ていることもあります。好きな音楽を聴いて過ごすことも多いです。

Q ふだんの生活で気をつけていることはありますか？

　早く寝ることです。重い魚をあつかう力仕事なので体力も必要ですし、大きくて長い包丁を使うには、万全の体調でいなければ事故につながるからです。仕事がある日には、午前2時前に起きて4時前に出勤します。私は昔から寝つきが悪く、寝つくまで2時間かかることもあるんです。できるだけ夕方の5時にはふとんに入るようにしています。

　また、スーパーに行ったら必ず、鮮魚売り場を見ます。「養殖の魚だな」「けっこういい魚を仕入れているな」など、いろいろな感想をもちますね。居酒屋さんでお刺身を頼むことも多いです。よいマグロが出てくると、うれしくなって店員さんに「いい魚ですね！」と話しかけることもあります。

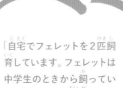

「自宅でフェレットを2匹飼育しています。フェレットは中学生のときから飼っていて、今いるのは代替わりしたフェレットです。今も変わらず、動物が大好きです」

中嶋さんのある1週間

　豊洲市場の水産物エリアは、基本的に水曜日と日曜日が休みだ。営業日には朝4時に出社し、マグロのセリに参加する。早朝から昼過ぎにかけて働くので、就寝時間も早い。

	月	火	水	木	金	土	日
05:00	マグロの下付け・競り落とし	マグロの下付け・競り落とし		マグロの下付け・競り落とし	マグロの下付け・競り落とし	マグロの下付け・競り落とし	
07:00	マグロを解体・梱包して発送	マグロを解体・梱包して発送		マグロを解体・梱包して発送	マグロを解体・梱包して発送	マグロを解体・梱包して発送	
09:00							
11:00	かたづけ	かたづけ		かたづけ	かたづけ	かたづけ	
13:00	売り上げの確認 退社	売り上げの確認 退社		売り上げの確認 退社	売り上げの確認 退社	売り上げの確認 退社	
15:00			休日				休日
17:00							
19:00							
21:00							
23:00	睡眠			睡眠	睡眠		
01:00		睡眠				睡眠	
03:00							
05:00	出社・資材の補充			出社・資材の補充	出社・資材の補充		出社・資材の補充

「マグロは1匹ずつ、顔も味もちがって、かわいいです。うちに来た魚は、お客さんのところでがんばっておいで！というつもりで送り出しています」

Q 将来のために、今努力していることはありますか？

　仕事でも生活でも、物事の大小に関係なく、やりたいことやるべきことを着実にこなそうと努力しています。私はもともと面倒くさがりな性格で、家事などを後まわしにしがちです。でも、思い立ったらすぐに取りかかるくせをつけると気持ちもよいですし、家事を気にせず休憩する時間がとれます。これをくりかえすと手際がよくなり、「もう1か所かたづけよう」など、できることの範囲も広がります。

　このように、ごく近い未来のために「先のばしをしない」ことが大切ですね。未来の心の余裕や、挑戦してみたいことができたときの時間の余裕につながると思っています。

「お客さんに送るマグロは、丁寧に梱包します。細かいところにまで神経を使って、雑にしないようにしています」

解体に使った包丁を拭く中嶋さん。せまい場所で何本もの長い刃物をあつかうため、こまめなかたづけが欠かせない。

Q これからどんな仕事をし、どのように暮らしたいですか？

　今と同じように、魚にたずさわる仕事を続けたいです。続けたいと思える仕事に出合えたのは、卸売会社を営んでいた曾祖父と仲卸会社を営んでいた祖父が「縁」をつなぎ、今の社長が私に声をかけてくれたからです。いろいろな縁がつながって今の自分があると感じるので、周囲の人々に感謝しながら、自分も次の世代に縁をつないでいきたいです。

　市場は、働くには特別なところで、自分とは関係ない場所だと思っている方も多いかもしれませんが、じつは多くの会社が求人を出しています。もしこの本を読んで仲卸業に興味をもったら、将来ぜひ、働きにきてみてください。これもご縁のひとつなので、そのような若い方が来たら私はとてもうれしいですし、市場のみんなで歓迎します。

マグロ仲卸の営業担当者になるには……

　必要な資格はとくにありませんが、沿岸地域には水産高校が多くあります。漁業をふくむ水産業について学べるので、市場での仕事に役立つでしょう。また、養殖漁業や水産資源利用、水産ビジネスなどを学べる専門学校もあります。さらに深く学ぶには、海洋大学や水産大学など水産系の大学もありますし、水産学部や海洋学部を設置している大学もあります。

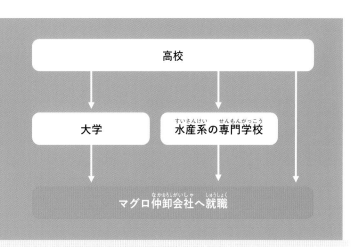

高校 → 大学 → マグロ仲卸会社へ就職
高校 → 水産系の専門学校 → マグロ仲卸会社へ就職
高校 → マグロ仲卸会社へ就職

子どものころ

Q 小学生・中学生のとき、どんな子どもでしたか？

　小学6年生のときにギターを始め、音楽ばかりの生活をしていました。私の父は趣味のバンド活動に熱心な人で、歌を歌い、ギター、ベース、ピアノなどの楽器を演奏していました。父を見ていた私は「ギターをやりたい」と言って、クリスマスに初めてのギターを買ってもらったんです。

　私が通っていた中高一貫の女子校では、軽音楽部に入れるのは中学3年生からという決まりがあったため、1、2年生の間は、家でギターを見よう見まねで練習しました。3年生になって入部してからは、ひたすらバンド活動の日々でした。じつは、学校に軽音楽部をつくったのは、先に入学していた私の姉だったんです。姉も父の影響で音楽に夢中で、エレキドラムをたたいていました。私と姉でギターとドラムを合わせたり、歌をハモったりしていたのがなつかしいです。

　中学、高校とも音楽中心の生活でしたが、クラスの友だちとも仲はよく、学校生活は楽しかったです。勉強は苦手で、音楽だけは得意でしたね。音楽への情熱はその後も尽きず、音楽大学へ進学したのですが、結果的に今は、市場で仲卸の仕事をしています。人生ってわからないものだと思います。

「小学生のころ、築地で仲卸をしていた祖父母と撮った写真です。私は姉に抱きしめられています」

「小学生のときに父が買ってくれたギターです。何本か手もとにあるなかで、いつまでも宝物の1本です」

中嶋さんの夢ルート

小学校 ▶ 獣医

小さいころから動物が好きだった。

▼

中学校 ▶ バンド演奏の裏方の仕事

父の影響でギターに夢中になり、バンド演奏に関わる仕事にあこがれた。

▼

高校 ▶ 音楽に関わる仕事、動物看護師

変わらずバンド活動に夢中だった。音楽に関わる仕事でなければ、動物看護師になりたかった。

▼

大学 ▶ 音楽に関わる仕事

音楽大学へ進学したが、事情により退学し、音楽以外の道を考え始めた。

バンド演奏をする中学時代の中嶋さん。「右側でギターを弾いているのが私です」

Q 子どものころにやっておいてよかったことはありますか？

　好きなことに全力で取り組んできたことです。分野はちがいますが、音楽に没頭した経験があったからこそ、毎日、夢中で仕事に向き合えていると思います。

　また、私の場合、音楽を聴くことがストレス発散になります。自分なりの息抜きの仕方を知ることができたという意味でも、音楽の経験は役立っています。仲卸の仕事が大好きだと言っても、やはりつらくなるときはあるので、私の人生に音楽があって本当によかったと思っています。

Q 中学のときの職場体験は、どこへ行きましたか？

私の学年は職場体験が始まる直前の学年だったため、体験をしていません。けれども、仲卸をしている祖父に会いに市場へ遊びに行っていましたし、ちがう職種で父も会社を経営していたので、働く大人たちを近くで見ていました。

営業の仕事で、お客さんであるスーパーに「この間のマグロはどうでしたか？」と聞きに行くことがあり、そこで体験に来ている中学生を見かけます。その姿を見ると、自分もこういう経験をしておきたかった、とは思いますね。職場体験があれば、やはり音楽関係の職場に行きたかったです。音楽の仕事をしたいと強く思ったにちがいありません。

Q この仕事を目指すなら、今、何をすればいいですか？

人と関わることをいやがらず、積極的にコミュニケーションをとるようにするとよいと思います。どの仕事でも大切ですが、この仕事はとくにチームワークが重要です。仕入れた魚をすぐに手分けして解体し、数時間で各注文先に発送します。間に合わせるには、仲間のだれが何を必要としているか、自分から声をかけて把握し、協力し合う必要があります。

学校での関わりのなかで、相手に合わせるだけでなく、ちがうと思ったことをおそれずに相手に伝える習慣をつけるとよいです。コミュニケーション能力と積極性の両方が身につきますよ。相手に届く伝え方を学べますし、その知恵が将来、役立つと思います。

Q 働くことについて、どんな印象をもっていましたか？

中学生のころは、自分が働くということを真剣に考えたことがありませんでした。熱心に働く自分を想像できませんでしたし、大学をやめて飲食店で働き始めてもなお、大人としての日常を何となくこなしている、という感覚でした。

仲卸の仕事が身についてきた今、会社にとってよいと思うことを自ら提案し、動いています。夢中になれる仕事だからだと思います。地に足をつけて生きていると実感しますね。

豊洲市場で毎日マグロに向き合うことで、東京の食を支えます

－ 今できること －

ふだんの暮らし

魚に興味をもち、どんな魚がおいしいか探究することで目利きの目がきたえられます。給食をふくめた日々の食卓で魚料理に注意を向け、いろいろな魚を食べ比べてみましょう。魚の名前を知り、魚にくわしくなるよう心がけましょう。

また、チーム内でのコミュニケーションが欠かせないだけでなく、市場でいつも顔を合わせる人たちと仲良くして支え合うことが必要な仕事です。学校行事や部活動で、仲間とたくさんやりとりする経験をしましょう。

社会 地理の水産業の単元で、海に囲まれた日本は水産資源に恵まれているという地理的特徴を理解しましょう。魚介類を運ぶための交通網の発達にも注目し、公民の、市場や経済の単元とつなげて学習しましょう。

数学 市場でほしいマグロにその場で値段をつけ、競り落とす仕事です。販売価格もその場で決め、おおよその売り上げを算定します。暗算を多くこなして数字に慣れましょう。

理科 「いろいろな生物」の分野で、魚の体の仕組みや特徴についての知識を身につけましょう。

家庭科 魚にふくまれる栄養素や調理方法を知り、魚をおいしく食べることについて考えてみましょう。

LNG輸送プロジェクトの営業担当者

Sales Staff of LNG Transport Projects

日本郵船
玉邑 健さん
入社12年目 34歳

NYK GREEN EARTH

世界と日本を船で結び、エネルギー需要を支えます

日本は多くのLNG※を海外から輸入し、火力発電の燃料や家庭で使用する都市ガスなどに利用しています。LNG運搬専用の船をつくり、安全に運搬するなどの輸送サービスを行う仕事があります。日本郵船で働く玉邑健さんに、お話を聞きました。

用語　※ LNG ⇒ 油田、ガス田から採取された天然ガスをマイナス162度まで冷却して液化したもの。液化すると体積が600分の1になるので、大量の天然ガスを輸送することができる。

Q LNG輸送プロジェクトの営業担当者とは、どんな仕事ですか？

日本郵船は国際的な輸送事業を行う会社です。船だけでなく航空機やトラックも使い、陸・海・空で輸送を行います。そのなかで私は、国内の電力会社、ガス会社、商社と契約して、LNG（液化天然ガス）の輸送を請け負う仕事をしています。

日本に輸入されるLNGは、すべてが海上輸送されており、LNGを超低温で安全に運ぶには専用の船が必要です。日本郵船は海運会社として、LNGを必要とする取引先の荷主（顧客）のために船をつくり、海上輸送を担います。

プロジェクトごとに新しい船をつくるのは、荷主との契約が長期間にわたり、船の一生の大半をひとつのプロジェクトに費やす必要があるからです。荷主と海運会社が長期の契約をすることで確実で安定したLNG輸送を行い、国内のエネルギー需要を支えます。またLNG船は一隻数百億円と高価で、輸送を専業としない荷主には調達しづらいので、海運会社がお金を投資して造船会社に発注します。

私たち海運会社のもっとも重要な役割は、船を専門にあつかう会社として、船の安全な運航を管理することです。契約期間中は、船をいつでも安全に使える状態に整備しておきます。事故などの運航中のトラブルにすみやかに対応して解決するのも、私たちの重要な仕事です。

私の所属するLNGグループでは、営業担当者がプロジェクト全体を管理します。契約にしたがって船を建造・運航し、契約終了後は船を買いたい会社へ売却します。このようにして一隻のLNG船に長くたずさわる、魅力的な仕事です。

玉邑さんのある1日

08:30	出社。メールをチェックし、対応する
10:00	顧客（電力会社）を訪問、面談する
11:30	会社で報告書を作成。面談をふまえて営業部内で顧客に対してどう対応するかを確認し、次回の面談の準備をする
12:30	ランチ
13:30	顧客との面談をふまえ、プロジェクトチームの会議を開く
15:00	資料作成（会議の内容をまとめる）
17:00	事務作業とメール対応
18:30	退社

日本郵船が所有するLNG船。LNGは環境にやさしいエネルギーとして取引量が増えているため、より多くの船が必要になっている。

LNG輸送プロジェクトの流れ

❶ 船を発注するまで

LNG船を使いたい電力会社、ガス会社、商社が行う入札※に参加する。または、営業担当者がそれらの会社と面談をして交渉することもある。契約を勝ち取ったら造船所に船を発注する。工務担当者が船の仕様を確認し、造船スケジュールを管理する。船はおよそ2年で完成。

❷ 建造期間中

財務担当者が中心となり、船を所有するための資金の調達をする。お客さんである荷主と船の使用条件を話し合った上で、20年間などの長期の貸し借り契約を結ぶ。契約内容に法律的な問題がないか、法務担当者が細かくチェックする。

❸ 完成後、船を貸している契約中の期間

つねに船を問題なく使用できる状態にしておく。運航が決定したら、船長や機関長など船員の手配をする。運航中は船員の交代手続きや船のメンテナンスに必要な資材の手配を行い、トラブル発生時にも対応する。日本郵船はこれらの仕事の対価として、荷主から輸送料を受け取る。

❹ 契約期間後

長期契約終了後の船の運用方法を検討する。新たに契約を結ぶ、船を買いたい会社を探して売却する、あるいは船を改造して別の用途に使う、などがある。

用語　※ 入札 ⇒ 契約を交わすときや物を売るときに複数の希望者がいる場合、もっともよい条件や金額を示した相手に決めるやり方。

仕事の魅力

Q どんなところが やりがいなのですか？

人々の豊かな暮らしを支えていることに、誇りとやりがいを感じます。

日本は資源がとぼしく、生活に必要なエネルギーのほとんどを輸入に頼っています。もし、船によるLNGの輸送が止まったら、火力発電の燃料が足りず、電力不足になります。都市ガスも製造できなくなります。電気やガスが使えないと、工場で機械が動かなくなり、生活に必要なものが買えなくなります。電車も動きません。日本の経済が混乱し、私たちひとりひとりの生活に大きな影響が出るでしょう。

日本郵船は、LNGを大量に、計画通りに海上輸送しています。私の仕事は人々が笑顔で豊かな生活を送ることに貢献している、とてもやりがいのある仕事です。

LNGグループ内で打ち合わせをする。新しいプロジェクトの契約を獲得するために、法務や財務の担当者、LNG船の仕様にくわしいエンジニアなど、さまざまな関係者との連携が必要だ。

シンガポールの港で修繕中のLNG船。玉邑さんは営業担当者として、海外への出張も多い。

Q なぜこの仕事を 目指したのですか？

大学時代に、ドイツへ7か月ほど留学する機会があり、海外に興味をもちました。外国での長期滞在はこのときが初めてでしたが、学生寮で世界中から集まった学生たちと暮らし、たくさんの刺激を受けました。日本人との価値観や働き方のちがいを実感し、もっと世界を知りたいと思うようになったんです。留学中に、ドイツ周辺の国へも積極的に出かけることでさまざまな考え方や異文化にふれ、たくさんの貴重な体験をすることができました。

この留学経験と、大学でヨーロッパの経済について研究していたこともあり、卒業後は世界で活躍できる仕事をしたいと思いました。就職活動で、日本郵船はグローバルに活躍できる環境が整っている会社だと知り、面接を受けたんです。面接では、公正に誠意をもって話を聞いてもらえました。働いている人たちの雰囲気もよかったですし、価値観が合うと感じたので入社を決めました。

行っている事業の規模のわりに、人数が多くないところも魅力でしたね。顔と名前を覚えられる程度の人数なので、社内でコミュニケーションがとりやすいです。

Q 仕事をする上で、大事に していることは何ですか？

信頼関係を築くことです。お客さまに信頼してもらえる間柄になるために、例えば、相手の悩みに寄りそいながら問題解決に向けていっしょに行動したり、問題が起きたときにはすばやく誠実に対応したりすることが大切です。

社内でも同じです。「この人ならまかせられる」という信頼関係を築くには、約束を守る、困っていたら助ける、責任をもってやりきるなど、ふだんからの基本的な行動が大切だと思います。

Q 今までにどんな仕事をしましたか？

入社後は3年ほど、人事グループで採用を担当し、全国の大学や就職活動中の学生向けのセミナーで説明会を行いました。1日限定のインターンシップ※を企画・運営したことが印象に残っています。

その後は製紙原料グループで3年半ほど、紙の原料の木材チップの輸送にたずさわりました。このときは、船を借りて輸送を行いました。30人弱の小さな部署だったこともあり、はば広い業務を経験することができましたね。海外との仕事では、ベトナムの港湾を管理する役所との交渉が成功して、一度に取りあつかえる量を増やしてもらえることになったんです。その結果、より多くの木材チップを輸送できるようになり、顧客である製紙メーカーに感謝されました。

その後LNGグループに異動し、5年目になります。一定年数ごとに新しい業務に就き、キャリアを積んで成長できるのが、日本郵船のよいところでもあると思います。

- ノートパソコン
- スマートフォン
- ペン
- ノベルティーグッズ

HIKAWA MARU

PICKUP ITEM

ノートパソコンとスマートフォンを使って業務を行い、打ち合わせのときにはペンを使って手書きでメモをとる。お客さんである電力会社やガス会社、商社へ打ち合わせに行くときには、日本郵船の船がデザインされたクリアファイルなどのグッズを持参する。

Q 仕事をする上で、難しいと感じる部分はどこですか？

船で問題が発生したときです。船は24時間、毎日休みなく動いているので、港に入れないとか、燃料が補給できないなど、問題が起こることがあります。すると、地球の裏側にいる船や海外の代理店から直接私に連絡が入ります。日本が深夜だろうと休みの日だろうと、関係ありません。

そんなときはすぐに状況を理解して判断し、問題を解決しなければなりません。もちろん問題が発生しないように事前に入念な準備を行いますし、問題発生時には影響が最小限にとどまるように対応します。それでも最後は神頼みになることもあります。毎年、年始にチームのメンバーで神社にお参りして、船の安全を祈っています。

オンラインで打ち合わせをしているところ。国内・国外を問わず、さまざまな場所にいる相手と話をする。

Q この仕事をするには、どんな力が必要ですか？

責任感をもって、ミスをすることなくやりきる力が求められると思います。

物流の仕事は社会経済の基盤となる産業です。大きなプロジェクトではあつかう金額も大きく、つねに責任がともなうため、仕事をミスなく行うのはとても大変です。でも、せっかくこの仕事をするならば、自分の足跡を残したいです。深く関わって、最後までやりとげたい思いが強いですね。責任を負うということは、自分がよいと信じる方向に仕事を進めることができるということです。

私は、自分が仕事に取り組む意義をいつも感じていたいです。苦労が大きくても、責任のある立場にいたほうが楽しく仕事ができると思います。

用語 ※ インターンシップ⇒高校生、専門学生、大学生などが、将来の職場を選択するために、企業につとめる体験をすること。

毎日の生活と将来

Q 休みの日には何をしていますか？

　4歳の子どもがいて、体を動かすことが好きなので、休みになると家族で外に出かけています。週末には公園やプールに行っていっしょに遊びますし、長期休暇がとれたときには、全国各地に旅行に行きます。

　最近は登山がお気に入りです。東京都の高尾山は子ども連れでも気軽に行けますね。栃木県那須町の茶臼岳にも登りました。ロープウェイで9合目まで行けたので、山頂まで子どもも自分の足で元気に登れました。

「和歌山県の海へ遊びに行きました。水が透き通っていてきれいでした」

「茶臼岳登山の写真です。1900mの高山をいっしょに体験できて、よかったです」

Q ふだんの生活で気をつけていることはありますか？

　いろいろな種類の情報を、さまざまな視点から取り入れるようにしています。仕事で、社内や社外を問わず多くの人と話をする機会があるので、新聞記事は毎日確認します。

　ほかにも目新しい情報がほしいので、紙の新聞だけではなくインターネットで記事を読みます。各メディアの記事を集めてあるWEBサイトを見ると、未知の世界のできごとを知ったり、見出ししか見ていなかったニュースを深く理解したりすることもできるので、便利ですね。すべての情報が仕事に結びつくわけではありませんが、お客さんとの雑談やコミュニケーションには役立っていると思います。

	月	火	水	木	金	土	日
05:00	睡眠	睡眠	睡眠	睡眠	睡眠		
07:00	食事・子どもの準備	食事・子どもの準備	食事・子どもの準備	食事・子どもの準備	食事・子どもの準備		
	移動	移動	移動	移動			
09:00	メール対応	メール対応	上司との会議	メール対応			
11:00	顧客への提案資料確認	提案資料作成と計算	資料修正作業	顧客訪問			
13:00	昼休み	昼休み	昼休み	昼休み			
	顧客訪問	上司との会議	メール対応	報告書作成	関西へ出張		
15:00	報告書作成	資料修正作業	社内勉強会	部内での会議			
		業務進捗確認会議	顧客への提案資料確認	管理部門会議			
17:00	管理部門会議	メール対応		資料作成		休日	休日
19:00	メール対応	事務作業	保育園おむかえ	メール対応			
	帰宅・夕食	ジムの後に帰宅	帰宅・夕食	帰宅・夕食	帰宅・子どもと遊ぶ		
21:00	子どもと遊ぶ	夕食	子どもと遊ぶ	子どもと遊ぶ			
23:00							
01:00	睡眠	睡眠	睡眠	睡眠	睡眠		
03:00							
05:00							

玉邑さんのある1週間

おおむね規則正しい生活を送っている。ただし、時間を問わず、担当しているLNG船の運航に関して緊急の電話が入ることもある。海外出張も多い。

Q 将来のために、今努力していることはありますか?

社内に、新しいビジネスリーダーを育成する「NYKデジタルアカデミー」という研修制度があります。あちこちの部門から有志が集まって、新しい事業を考えたり、社外の人と交流を深めたりする取り組みです。おもしろそうだと思い、9か月間活動しました。

研修で、海運会社の宇宙産業への進出という企画を発案した先輩がいました。船からロケットを発射するプロジェクトや、発射したロケットを回収する船のプロジェクトです。実際に新しいプロジェクトとして発足し、会社の事業のはばが拡大しました。大学教授など社外のいろいろな職業の人から聞いた話は、視点がちがって興味深かったので、機会があればまた挑戦してみたいです。

創業130年の歴史をもつ日本郵船。「これからも海運大手の会社として、責任ある仕事をしていきます」

会社の屋上で、スタッフと談笑する玉邑さん。「仲間とは、仕事以外の話もたくさんします」

Q これからどんな仕事をし、どのように暮らしたいですか?

仕事と家庭はまったくちがう場なので、両方のよい面を活かしながら、自分がそれぞれによい影響をあたえられるように両立していきたいと考えています。

まず、仕事は、計画通りに着々と進めていくことが目標です。おもしろいアイデアをかたちにした新しい事業にも興味があるので、関わっていきたいですね。

家庭は、仕事の疲れをいやせる場です。家族と過ごすことで得られる学びは大きく、その学びは仕事にも活かせます。子どもの成長によって家庭の状況も変わるため、そのときどきで判断し、調整しながら生活することになると思います。

子どもが大きくなったら、海外旅行や日本百名山めぐり、富士山登頂などにも挑戦したいです。

LNG輸送プロジェクトの営業担当者になるには……

海運会社の陸上職社員として採用される必要があります。大学卒業以上を採用の条件にしている会社が多いため、大学への進学をおすすめします。文系にも理系にも道は開かれています。さまざまな国や立場の人とのコミュニケーションが欠かせない仕事なので、外国語や国際社会、経済について興味をもって学ぶとよいでしょう。

```
高校
 ↓
大学
 ↓  ↓
大学院
 ↓
海運会社に就職
```

子どものころ

Q 小学生・中学生のとき、どんな子どもでしたか？

小学校の中学年までは泣き虫でした。くやしいことがあると泣いていました。昨日は自転車に乗れたのに今日は転んでしまった、前に書けた漢字がテストで書けなかったなど、思い通りにいかないことがくやしくて、毎日のように泣いていたんです。あまりに泣くので、祖母が「泣かなかった日にはカレンダーに丸をつけよう」と提案したのですが、まったく丸はつきませんでしたね。とても負けずぎらいでした。

習い事では、小学生のころから週に1回習字に通い、高校2年生くらいまで続けました。先生がとても厳しい人で、海外の美術館で作品が飾られるほどの実力者でした。習字が好きになって長く続けられたのは、その先生のすごさに惹かれたからだと思います。

強く印象に残っているのは、父との約束で小学校の6年間、毎日国語の教科書を音読したことです。5分間ほど声に出して読むだけでしたが、「継続は力なり」を実感しました。学校を休んでもこれだけは1日も休まずにやり通したので、自信になりました。この経験が小さな成功体験として心に刻まれ、自分の人生に影響をおよぼしていると感じます。

中学校には自転車で通学した。「人口の少ない地域なので、学校まで距離がありました」

中学時代、バスケットボールの福井県代表選手に選ばれて全国大会へ出場したときのユニホーム。学校ではバスケットボール部のキャプテンだった。

玉邑さんの夢ルート

小学校 ▶ 学校の先生

父親が教師だったことが影響した。

▼

中学校 ▶ 宇宙飛行士

宇宙へ行ってみたかった。

▼

高校 ▶ 弁護士、会計士

「手に職をつける」ことにあこがれた。

▼

大学 ▶ グローバルな仕事

留学を体験し、広い世界を見てみたいと思った。

中学生のときに県で特選の賞をとった習字の作品。将来の玉邑さんの活躍の場を示すような言葉だ。

Q 子どものころにやっておけばよかったことはありますか？

できることなら、幼いうちから海外とのつながりがあればよかったです。子どものころは生まれ育った田舎の環境が私にとってのすべてでした。テレビを通じて海外の情報を目にしても、自分とは関わりがないと思っていました。

ところが、大学のときのドイツ留学で外国人の友だちができたら、世界観がまるで変わったんです。世の中には自分の知らないおもしろい世界が広がっていました。もしも、子どものころに海外と関わりのある環境で育っていたら、もっと楽しかったかもしれないと思います。

Q 中学のときの職場体験は、どこに行きましたか？

中学2年生のときに、家の近くの自動車整備会社に2日間、職場体験に行きました。整備だけでなく新車の販売もしており、祖母がとても信頼している会社でした。

私の故郷の福井県では、おもな移動手段は車です。家族がそれぞれに使うので、自宅に車が3台ありました。自家用車は生活必需品だったので、つねに安全に動かすために、整備はなくてはならない仕事だと考え、自動車整備会社を選びました。

Q 職場体験ではどんな印象をもちましたか？

車の定期点検や故障に丁寧に対応してくれる人たちがいるから、自分たちは安心して車で好きなところに行けるのだと、職場体験で実感しました。

祖母が新車に買い替えるとき、この会社から必ず買っていました。困ったときにすぐに助けてくれるからです。車というのは、およそ10年に一度の大きな買い物です。ふだんから厚い信頼を寄せているからこそ、商売につながると学びました。信頼関係を築くことがビジネスの基本だと、子どもながらに感じたことを覚えています。

Q この仕事を目指すなら、今、何をすればいいですか？

ひとつ目は、とにかく何でも挑戦してみることです。自分から手を挙げてやってみる、勇気を出して一歩踏み出す。これらを経験することで自信がもて、チャンスが広がります。たとえ失敗しても、必ず得るものがあるはずです。

もうひとつは、外国人の友だちをつくることです。いっしょに遊ぶうちに価値観や考え方のちがいを知って、おもしろく感じることでしょう。自分の当たり前が当たり前ではないことにおどろくかもしれません。この仕事は海外の人たちと力を合わせて取り組む仕事なので、日本以外の文化を知る友だちとのつきあいがあるとよいと思います。

原油、鉄鉱石、LNGなど、飛行機で運べない荷物を船で運び、社会を支えます

－ 今できること －

ふだんの暮らし

物流の仕事は、商品を安全に確実に輸送するために、さまざまな職務の人と協力して進められます。部活動や生徒会活動、地域のスポーツ活動など、関心があることに積極的に参加し、リーダーの役をつとめましょう。困ったら、大人の意見も聞きながらみんなの意見をまとめ、課題解決に取り組んでみましょう。また、機会があれば、短期留学に挑戦してみることもおすすめです。さまざまな価値観や考え方を知ることができ、将来のためのよい経験になるでしょう。

国語 話し合いの授業では、効果的な話し合いができるように進行の仕方を工夫しましょう。課題の解決に向けておたがいの考えを生かし合う力を養いましょう。

社会 日本の資源・エネルギーと産業、それにともなう地域的特色や交通の発達の歴史など、社会のはば広い知識が役立ちます。最新の経済ニュースに関心を向けましょう。

技術 船の設備を適切に管理する仕事です。エネルギー変換技術の単元で、機器の基本的な仕組みや点検と事故防止の仕方を学びましょう。

英語 海外の言語や文化に対する理解を深め、英語の「聞く力」「話す力」「読む力」「書く力」の基礎を身につけましょう。

流通の仕事 関連マップ

ここまで紹介した流通の仕事が、それぞれどう関連しているのかを見てみましょう。

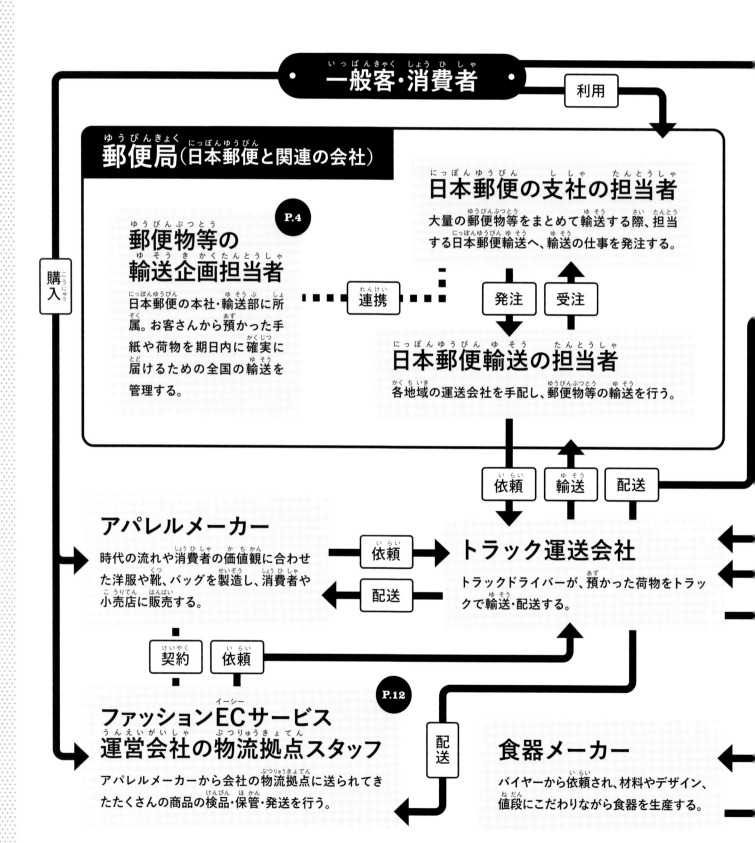

一般客・消費者

利用

郵便局（日本郵便と関連の会社）

日本郵便の支社の担当者
大量の郵便物等をまとめて輸送する際、担当する日本郵便輸送へ、輸送の仕事を発注する。

P.4

郵便物等の輸送企画担当者
日本郵便の本社・輸送部に所属。お客さんから預かった手紙や荷物を期日内に確実に届けるための全国の輸送を管理する。

連携

発注　受注

日本郵便輸送の担当者
各地域の運送会社を手配し、郵便物等の輸送を行う。

購入

依頼　輸送　配送

アパレルメーカー
時代の流れや消費者の価値観に合わせた洋服や靴、バッグを製造し、消費者や小売店に販売する。

依頼

トラック運送会社
トラックドライバーが、預かった荷物をトラックで輸送・配送する。

配送

契約　依頼

P.12

ファッションECサービス運営会社の物流拠点スタッフ
アパレルメーカーから会社の物流拠点に送られてきたたくさんの商品の検品・保管・発送を行う。

配送

食器メーカー
バイヤーから依頼され、材料やデザイン、値段にこだわりながら食器を生産する。

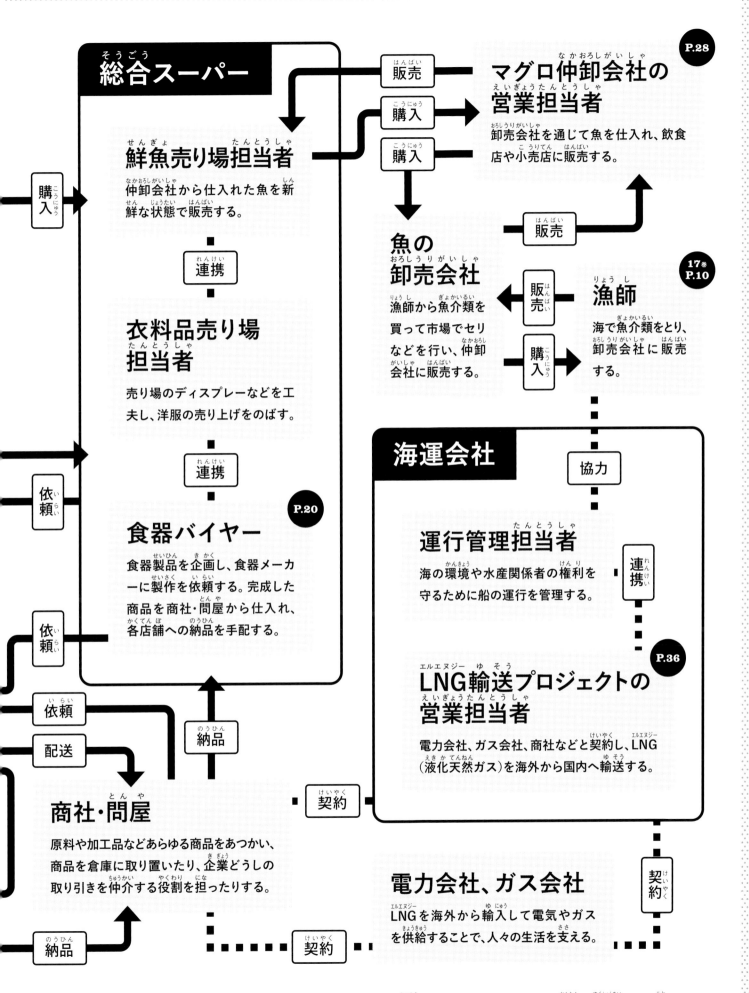

P.28

総合スーパー

鮮魚売り場担当者
仲卸会社から仕入れた魚を新鮮な状態で販売する。

販売 →

マグロ仲卸会社の営業担当者
卸売会社を通じて魚を仕入れ、飲食店や小売店に販売する。

購入 →

購入

連携

衣料品売り場担当者
売り場のディスプレーなどを工夫し、洋服の売り上げをのばす。

販売

魚の卸売会社
漁師から魚介類を買って市場でセリなどを行い、仲卸会社に販売する。

販売 ←

漁師
海で魚介類をとり、卸売会社に販売する。

17巻P.10

購入 →

連携

P.20

食器バイヤー
食器製品を企画し、食器メーカーに製作を依頼する。完成した商品を商社・問屋から仕入れ、各店舗への納品を手配する。

購入 →

依頼 →

依頼

協力

海運会社

運行管理担当者
海の環境や水産関係者の権利を守るために船の運行を管理する。

連携

P.36

LNG輸送プロジェクトの営業担当者
電力会社、ガス会社、商社などと契約し、LNG（液化天然ガス）を海外から国内へ輸送する。

依頼

配送

納品

商社・問屋

原料や加工品などあらゆる商品をあつかい、商品を倉庫に取り置いたり、企業どうしの取り引きを仲介する役割を担ったりする。

契約

契約

電力会社、ガス会社

LNGを海外から輸入して電気やガスを供給することで、人々の生活を支える。

納品

契約

※このページの内容は一例です。会社によって、仕事の分担や、役職名は大きく異なります。

モノや情報の流れを知り、多角的に社会を見る

▶ 工夫が凝らされた流通のシステム

　流通とは、生産者から消費者へ商品が届くまでの一連の流れのことです。流通の仕事には、生産者から商品を仕入れる卸売業者、荷物を運ぶ運送業者、スーパーやコンビニエンスストアなどの小売業者などがあります。それぞれの仕事には、小売店に並べられた商品を見るだけではわからない、高度な技術とさまざまな工夫があります。

　商品の流通には、トラック、鉄道、飛行機、船などのさまざまな輸送手段が組み合わされています。高速道路の建設が進んで運送時間が短くなったことや、ひとつひとつの建物まで直接届けられることなどを理由に、国内貨物輸送の大半をトラック輸送が占めていますが、かつて主流だった鉄道輸送のメリットも見直されつつあります。長距離を大量に運べること、排出する二酸化炭素の量がトラックや船に比べて少ないことなどが鉄道輸送の利点です。

　また、「低温物流（コールドチェーン）」をはじめとする細やかな管理も、日本の物流の特長のひとつです。低温物流は、商品の生産現場から消費者の手もとまで、決まった温度を維持したまま管理し、流通させるシステムです。日本で発展し、ヨーロッパや中国、東南アジアにも拡大している技術で、生鮮食品の長期保存を可能にし、食品ロスの削減にも貢献します。さらに、はなれた場所に食べ物を新鮮なまま届けられることで、地方の農家や漁師にも新たなビジネスチャンスを生んでいるのです。

▶ 商品を届けるのは「人」の力

　日本の宅配便は、低温物流以外にも、トラックを安全かつ効率的に走らせる運行管理、レベルの高いドライバーの育成など、高い技術をもっています。力仕事のイメージから、ドライバーは男性比率が高くなってしまっていますが、国土交通省は2014年から女性ドライバーが活躍できる環境を整えるプロジェクトを進めています。また多くの運送会

宅配便取扱個数の推移

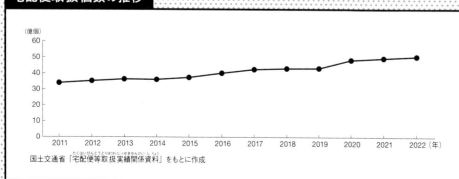

（億個）

国土交通省「宅配便等取扱実績関係資料」をもとに作成

国土交通省の発表によると、2022年度の宅配便取扱個数は50億588万個で、そのうちトラック運送は49億2508万個、航空等利用運送は8080万個。平成元年（1989年）の約10億個から5倍になるなど、増加している。全体の約2割が、受け取りができなかったことによる再配達の荷物であることなど、課題も多い。

低温物流大手のニチレイロジグループの大型トレーラー（左）と、作業の大部分が自動化された巨大な冷蔵倉庫（右）のようす。2024年現在、ニチレイロジグループはヨーロッパ各国と中国、タイ、マレーシアなど12か国で低温物流事業を営んでいる。きめ細やかな低温物流サービスが、世界中で求められている。

社がデザインにこだわったユニホームをつくるなど、ドライバーのイメージ向上にも取り組んでいます。その背景には、インターネットショッピングの市場が拡大を続けていることがあります。宅配サービスの需要が増える一方なので、運送業界の人手不足の解消と配達時間の短縮がますます求められているのです。私たちは、クリックひとつで簡単に自宅まで商品を配達してもらえると思いがちですが、いくらインターネットが普及しても、人が物を運んでいることを忘れてはいけません。

商品を注文してから自宅に届くまでには、倉庫に保管してある商品を出荷する「荷役」、配送中の商品を保護するための「包装」、商品の仕分けや組み立て、再梱包といった「流通加工」、在庫や運送ルートをリアルタイムに把握する「情報管理」、物流拠点から商品を送り届ける「輸送・配送」などの工程があります。この過程で数えきれないほどの人が関わり、さまざまな拠点で行われる仕事が密接に結びついて、モノが私たち消費者に届けられるのです。

▶ 流通を知ることは世の中を知ること

この本に登場する郵便物等の輸送企画担当者は、「日本郵便の使命は、日本中のだれもが、どこにいても安心して利用できるようにサービスを提供することです。日本全国の隅から隅まで、そこに住む人のために郵便物等を届けます」と語っています。また、総合スーパーの食器バイヤーは、食べ物、服、文具、家電、音楽、ニュースなど、身のまわりのものすべてが多くの人の手を経て自分に届いていることがわかると、バイヤーの仕事への理解につながることを指摘しています。

人は、自分に見えているものでないと理解することが難しい生き物です。しかし、流通の仕組みやそこで働く人々の使命感を知り、モノや情報の流れを理解できると、世の中の見え方や、興味をもつ職業がかなり変わるはずです。この本を読み、私たちの生活を支える「縁の下の力持ち」について、想像をめぐらせてみてください。

PROFILE
玉置 崇

岐阜聖徳学園大学教育学部教授。
愛知県小牧市の小学校を皮切りに、愛知教育大学附属名古屋中学校や小牧市立小牧中学校管理職、愛知県教育委員会海部教育事務所所長、小牧中学校校長などを経て、2015年4月から現職。数学の授業名人として知られるいっぽう、ICT活用の分野でも手腕を発揮し、小牧市の情報環境を整備するとともに、教育システムの開発にも関わる。文部科学省「校務におけるICT活用促進事業」事業検討委員会座長をつとめる。

構成／酒井理恵

さくいん

【取材協力】

日本郵便株式会社　https://www.post.japanpost.jp/
株式会社ZOZO　https://corp.zozo.com/
イオンリテール株式会社　https://www.aeonretail.jp/
株式会社樋長　https://www.hicho.co.jp/
日本郵船株式会社　https://www.nyk.com/

【写真提供】

日本郵便株式会社　p5
株式会社ZOZO　p13
イオンリテール株式会社　p22
日本郵船株式会社　p38
株式会社ニチレイロジグループ本社　p47

【解説】

玉置 崇（岐阜聖徳学園大学教育学部教授）　p46-47

【装丁・本文デザイン】

アートディレクション／尾原史和（BOOTLEG）
デザイン／坂井 晃・角田晴彦・加藤 玲（BOOTLEG）

【撮影】

平井伸造　p4-11
土屋貴章　p12-27、p36-43
杵嶋宏樹　p28-35

【執筆】

和田全代　p4-11
山本美佳　p12-19、p36-43
鬼塚夏海　p20-27
安部優薫　p28-35

【イラスト】

フジサワミカ

【企画・編集】

佐藤美由紀・山岸都芳（小峰書店）
常松心平・鬼塚夏海（303BOOKS）

キャリア教育に活きる！
仕事ファイル44
流通の仕事

2024年4月6日　第1刷発行

編　著　小峰書店編集部
発行者　小峰広一郎
発行所　株式会社小峰書店
　　　　〒162-0066　東京都新宿区市谷台町4-15
　　　　TEL 03-3357-3521　FAX 03-3357-1027
　　　　https://www.komineshoten.co.jp/
印　刷　株式会社精興社
製　本　株式会社松岳社

©Komineshoten 2024　Printed in Japan
NDC 366　48p　29×23cm
ISBN978-4-338-36602-1